欲望の経済を終わらせる

井手英策
Ide Eisaku

インターナショナル新書 053

はじめに

「新自由主義」ということばが人びとの心をわしづかみにした時代があった。それは、財政を小さくし、規制をゆるめ、そして、経済的、政治的な自由を強めれば、最高の未来がやってくる、と信じられた時代だった。

近年、ドナルド・トランプ大統領の登場によって、自国の利益が当たり前のように優先されるようになり、自由主義の終焉すらささやかれるようになった。

しかし、そのトランプでさえ、国内政治では、言論の自由や宗教の自由を訴えないわけにはいかない。世界の経済レジームがどのようなかたちになろうとも、「自由」ということばには、人びとの心をとらえてはなさない魔法のような輝きがある。

だが、この本が問うのは、自由の尊さやすばらしさではない。むしろ、自由ということばの持つ危うさ、不確かさである。

みなさんはどう思うだろうか。もし仮に、僕たちに、何の制約もない、完全な自由があたえられたとしよう。そのとき、まずしい人、孤独におびえる人、仕事に追いたてられている人たちが、その自由を心から愉しむことができるだろうか。

あるいはあなたが命の危機に瀕したとき、延命治療をのぞむか、延命はせず、当面の痛みをなくす対症療法をのぞむか、どちらだろう。

あなたはきっと、家族にかかる経済的な負担を考え、思いなやむはずだ。そしてときには、最期の最期まで生きのびたいと思っても、まわりの人に気をつかい、医療費が少なくてすむ対症療法を選ぶほうへとみちびかれるかもしれない。自由に生きることのむつかしさは、日々の暮らしのなかにもあふれかえっている。

もし、多数者の善によってあなたの選択が方向づけられるとすれば、それは箱庭のなかの自由にすぎないし、ひどければ強制、自己責任の押しつけとなる。あなたは自由だ——その「善意」がときに人間をつめたく突きはなす。

そう、「人間の自由」をかたるだけでは足りないのだ。自由をあたえられた人間が、それを行使できるようになるための条件、これこそが僕の向きあいたい課題だ。

自由になればなるほど野心的になるのが人間か。それとも、土台を外されたようで不安になり、失敗をおそれ、まわりの人たちと同じ行動をとってしまうのが人間か。自律し、迷うことなく物事を決められる強い人間観ではなく、また、弱者の権利擁護でもない人間観、何かを選びとろうともがきくるしむ、苦悩する人間観がこの物語のモチーフである。

僕は、「新自由主義」という思想のもと、どのように自由がかたられ、その訴えとは反対に、どのように人びとの自由がしばられていったのかを解きあかしていくだろう。また、自由をただ擁護するのではなく、財政という経済システムを手がかりに、だれもが今日よりすばらしい明日を構想できる社会の可能性を論じていくだろう。

人間は楽をし、ズルをし、したたかに生きる存在だ。しかし同時に、他者のために苦悩し、自分自身の幸福と他者の幸福を調和させる、稀有なる才能を持った存在でもある。この偉大な存在である人間たちが、自由を受けとめ、使いこなす社会像を大胆に描いてみたい。

目次

序章　レッテル貼りとしての新自由主義

レッテルとしての新自由主義

新自由主義（ネオリベラリズム）――これほど世界の国ぐにをさわがせて、敵意の眼差しにさらされながらもしぶとく生きのこり、それでいて意味がはっきりしないことばもめずらしい。

新聞記事検索にかけてみる。すると、どうやらこの概念が日本に定着しはじめたのは、1990年代後半のようである。一気に広がりを見せるのは、2000年代、緊縮財政と規制緩和にまい進した小泉政権期のことだ。

振りかえってみると、1990年代もふくめ、左派やリベラルと呼ばれた人たちにとって、新自由主義は断罪のことばだった。政府を切りきざみ、人間の生活、ときには命さえをも踏みにじりながら、人びとを競争のうずに巻きこむ。そんな冷酷なイデオロギーの代名詞、それが新自由主義だった。

だが話は、右や左で割りきれるような、単純なものではない。右派・保守陣営がこのことばを積極的に使っていたかと問われれば、答えはノーだ。おそらく読者も、右派や保守陣営のなかで、自分のことを「わたしは新自由主義者です」とかたる人を見たことがないだろう。

それ以前に、「新自由主義者」ということばじたい、メディアや論考で耳にすることはあまりない。英語では neoliberal(s) という表現がある。しかし、日本語としては新自由主義者という表現はほとんど定着していないし、政府が自ら新自由主義をかたることもない。

新自由主義ということばは、批判する側の専売特許のようだ。書店で見かける新自由主義をうたった本のタイトルは、多くが批判的なコンテクストか、それに触発されながら、新自由主義のネガティヴな内実をあばきだすことをめざしたものだ。新自由主義ということばを前むきに、積極的な意味でタイトルとして使っている本にはめったにお目にかかれない。

新自由主義という用語は、ある一連の政策や主張を指ししめすときに貼られる「レッテル」のようなものだ。だが、新自由主義の震源地としてしばしばかたられるアメリカの思想的なコンテクストに立ちかえると、このことばはまったくちがった意味あいをおびる。

大きな政府を好む新自由主義?

18世紀末から19世紀にかけて欧米に広がった思想、財政を切りつめ、市場への介入を最小限にする「小さな政府」「自由放任主義（レッセフェール）」を推しすすめようとする思想を「古典的な自由主義」と呼ぶ。

これにたいして、19世期末から20世期初頭に起きたイギリスの思想、つまり革命を追いもとめず、部分的な修正によって社会問題を解決しようとする考えを「新しい自由主義（ニューリベラリズム）」と呼ぶ。

ところが、世界大恐慌のあと、この「新しい自由主義」ともまたちがう、自由主義の別のながれがアメリカで生まれた。ことの発端となったのは、「新自由主義の歴史の夜明けのはじまり」と評される一冊、1937年に公刊された、評論家ウォルター・リップマン(1889~1974)の『善き社会(The Good Society)』であった。

リップマンの主張はたちどころにヨーロッパの人びとの心をとらえた。フランスの哲学者ルイ・ルージエの呼びかけに、リップマンをはじめ、ノーベル経済学賞を後に受賞するフリードリヒ・ハイエク(1899~1992)、著書『大転換』で知られるカール・ポランニーの兄、マイケル・ポランニー(1891~1976)など25人の知識人が応じた。

参加者のひとりであるアレクサンダー・リュストウは、会議の場で「古典的な自由主義」を批判しながら、資本主義や共産主義とはことなる道、すなわち自由市場とそのうえに立つ、強い国家を柱とした第三の道を提案した。そして彼が発案し、このコンファランスで合意されたことば、それが「新自由主義(ネオリベラリズム)」だった(Oliver Hartwich, *Neoliberalism*, The Centre for Independent Studies)。

注意しよう。ネオリベラリズムと名づけられたリップマンの新自由主義は、僕たちの知っているそれとはおもむきがちがっている。むしろ、政府の介入を重視する、左派やリベラルの思想にちかいカギ括弧つきの「新自由主義」だった。

リップマンが問題にしたのは、企業が市場を独占することや、土地、天然資源にたいする特権が生みだす巨大な収入だった。彼は、社会の不平等をなくすためにはこれらをねらい撃ちにすべきだと考え、企業や富裕層に負担を課すことが必要だと主張した。

それだけではない。教育のための支出、土地や天然資源にかんする財産の保護、公共事業をつうじた宅地開発、技術的、経済的な変化が生みだすリスクへの保険や補償などによって、不平等をもたらす条件をも修正すべきだとうったえた。いわば大きな政府をめざした彼こそが、「新自由主義」の知的開拓者だったのである。

歴史とはときにおどろくようないたずらをする。この「新自由主義」を支持するグループのなかにヘンリー・サイモンズ（1899〜1946）という経済学者がいた。日本の戦後税制を方向づけた「シャウプ勧告」の作成メンバーのひとりとして知られる人物だ。

彼もまた、リップマンと同じく、不平等を改善するための税制改革を支持していた。それどころか、企業による独占を民主主義に反するものとしてきびしく批判し、鉄道の国有化すら主張した。あの「自由の国アメリカ」で国有化が公然と論じられていたのだから、おどろきである（Philip Mirowski and Dieter Plehwe, *The Road from Mont Pèlerin*, Harvard University Press）。

奇妙な生いたち

ところが話はここでねじれる。大きな政府を好んだサイモンズだったが、彼は、こんにちの意味での新自由主義、つまり、政府の介入を批判し、左派・リベラルに敵視されている新自由主義の思想的拠点、「シカゴ学派」の創成期のメンバーのひとりだった。

みなさんは「シカゴ学派」の名前を聞いたことがあるだろうか。世界的に著名な学者がシカゴ大学にそろったことから名づけられたもので、僕たちの知る新自由主義思想の発信源として有名な学派である。この新しい流れをつくったのが、シカゴ学派の第二世代の旗手、経済学者ミルトン・フリードマン（1912〜2006）だった。

シカゴ大に籍を置いたことがあり、ノーベル経済学賞にもっとももちかい日本人といわれた宇沢弘文（1928〜2014）が、のちに「悪魔のような顔」とにがにがしく回顧した、新自由主義の権化ともいうべき存在、それがフリードマンだ（神野直彦『「分かち合い」の経済学』）。

彼は、サイモンズの指導を受けていた。だが、著書『資本主義と自由』のなかで、サイモンズを「初期の自由主義者」と位置づけ、「かなりのことを政府に委ねようとした」古き時代の自由主義者と切りすてた。自分と恩師との思想的な立ち位置のちがいを明確にしたのだ。

フリードマンは、自分を新自由主義者だとはけっして呼ばなかった。それどころか、彼は1951年をさかいに、新自由主義という用語すら使わなくなり、かわりに自分のことを自由主義者と呼んだ。その後、彼は、政府の介入を徹底的に否定する自由放任主義を政治的に根づかせることに心血をそそぐようになる。

1970年代になると高度経済成長は終わりをつげ、先進国は政府債務にくるしみはじめた。ケインズ流大きな政府の行きづまりがあらわになりつつあった1976年、フリードマンはノーベル経済学賞を受賞し、大きな後ろ盾をえた彼らの思想は急速に広がっていった。

このうごきを決定的にしたのが、国営企業の民営化や金融市場の自由化、小さな政府をうったえたマーガレット・サッチャー（1925〜2013）、そして歴史的な所得減税と規制緩和を推進したロナルド・レーガン（1911〜2004）の登場であった。

こうしてリップマン以来の知的伝統は忘れさられていった。同時に、フリードマンの自分は新自由主義者ではないという信念とはことなり、彼らの思想には新自由主義（ネオリベラリズム）のレッテルが貼られていった。

だが、新自由主義なる思想にたいして、歴史家エリオット・ブラウンリーは疑問を投げかける。フリードマンの一部信奉者は、19世紀のイギリス自由主義の特徴的な政策だった所得税すらみとめようとしなかった。これは19世紀自由主義への回帰とすら呼べないもので、自由主義をもっともせまくとらえたという意味で「レトロリベラル（回顧的な、古くさい自由主義）」でしかないのではないか、と（W. Elliot Brownlee, *Federal Taxation in America 3rd ed.*, Cambridge University Press）。

そのとおりだ。古くさい自由主義でしかない新自由主義は、リップマン以降の知的伝統、大きな政府を志向し、所得格差の小さな、平等な社会をめざした「新自由主義」を批判する文脈から生まれた。古くさいものにつけられた「新」という冠……その出自からして、複雑で、ねじれた生いたちを持つもの、それが新自由主義だった。

経済的自由がすべてなのか？

自らの思想を新自由主義と区別したフリードマン。この奇妙な事実に、いま一歩踏みこんで検討をくわえてみよう。

新自由主義をきびしく批判した地理学者であり、社会理論家でもあるデヴィッド・ハーヴェイ（1935〜）は、著書のなかで、このことばの意味を次のようにさだめている。

「強力な私的所有権、自由市場、自由貿易を特徴とする制度的枠組みの範囲内で個々人の企業活動の自由とその能力とが無制約に発揮されることによって人類の富と福利が最も増大する、と主張する政治経済的実践の理論である」（デヴィッド・ハーヴェイ『新自由主義』）

ポイントは、人間が経済的に自由になれば、社会の利益を最大にできるという点にある。市場原理を絶対視し、政府を小さくすることで幸せになれるという主張、まさにレトロリベラルのおもむきだが、以上は、新自由主義の定義としてオーソドックスなものだ。

この定義を頭のかたすみにおいて、もう一度フリードマンの『資本主義と自由』を読む。すると、不思議なことに、布教者であるはずの彼の議論は、むしろひかえめなものに見えてくる。同書の2002年版のまえがきで、フリードマンは「経済的自由は政治的自由と市民の自由を実現する必要条件だ」と述べている。必要条件という以上、たしかに、政治的、市民的に自由な状況があるときには、かならず経済的な自由が実現していなければならない。

だが、慎重に読もう。経済的な自由が必要だとはいっているが、経済的に自由になれば、かならず政治や市民の自由が生みだされるとまでは、フリードマンはいっていない。十分条件ではないのである。つまり、経済的自由によって「富と福利が最も増大する」というハーヴェイの定義には、フリードマンの自由主義にはふくまれないなにかがくわえられている。

ハーヴェイは「制度的枠組みの範囲内で……無制約に発揮される」ことを条件にかかげてもいる。だが、これもいささか強すぎる仮定だ。この「制度的枠組み」にかんして、フリードマンは、社会保障や公営住宅、最低賃金など、みとめられるべき政府の介入の例を14項目ならべ、最後に「以上はごく一部に過ぎない」と指摘してこういった。「筋の通った自由主義者は、けっして無政府主義者ではない」、と。

見えない敵とたたかう

さらにつづけよう。フリードマンは、ケインズ政策のように、財政を大きくし、政府の介入をみとめるような政策には効果がないのだと繰りかえし強調した。だが散々ケインズ政策を批判したうえで、彼は、次の告白で全体をしめくくっている。

「自由主義に則った制度であれば、国家の強制に比べてたとえ速度は遅くとも、確実に各自の目標を実現できるのだと仲間を説得しなければならない。これが、自由を拡大する唯一の道である。知識層にほのみえる変化の兆しに私は勇気づけられている」

おどろくべき主張だ。フリードマンは、国家による強制のほうが自由主義にそった制度よりも、すみやかに目的を実現する可能性に気づいていた。だが、彼の関心は別のところにある。彼がめざしたのは、政府の介入をできるかぎり小さくし、人びとの自由をまもるよう、人びとを説得することだった。

重視すべきは正しさではない、人びとを説得できるかどうかだ、そう説く彼のすがたには違和感を禁じえない。少なくとも、同じ学者として、僕にはとてもいえないことばだ。

だが同時に、「政府を小さくし、人びとを自由にすべきだ」という彼の主張と、「政府を小さくすれば、富と福利が最も増大する」というハーヴェイの定義とのちがいについても、これを学者として見のがすわけにはいかない。

フリードマンを新自由主義の始祖とするのはよい。僕自身、彼のすべての著作に目をとおしたわけでもない。だが、フリードマンのいう経済的な自由主義を、「人類の富と福利が最も増大する」と結論づけて定義する過程には、論理をこえたなにかが介在している可能性がある。

批判する側の専売特許――僕が新自由主義をこう表現した理由もおわかりだろう。昔ながらの自由主義を成長や福利の増大と結びつけなおし、その思想がそれらの目的のために人びとを競争に追いこみ、命とくらしをすり減らしていると批判する。よくよく考えると、見えない敵をつくりだし、その敵とたたかうかのような話である。

だが、もしそれが本当に「見えない敵」だったとすれば、左派や自由を愛する「リベラル」があれほどはげしく新自由主義を批判する必要はなかったはずだ。そこには、「新自由主義的な政策が成長を生む」とまことしやかにかたる人たち、そうしたことばを好意的に受けとめる人たちがいて、それらが生みだした見のがせない状況があったにちがいない。その状況にたいして、異議申し立てをしたい人たちがいたからこそ、レッテル貼りもおこなわれたはずである。

そう、この本で考えてみたいのは、なぜかくも「自由」なることばが人びとの心をつかまえてはなさなかったのか、その理由についてである。

財政を小さくし、規制を緩和すればよいという単純で古くさい主張が、なぜあれほどまでに人びとを魅了したのか。それらになされたレッテル貼り、はげしい批判には、いったいどういう意味があったのか。そして新自由主義の震源地であるアメリカやイギリスで、自由を否定するかのような動きが起きつつあるという現実をどのようにとらえるのか……。

願望としての新自由主義

これらの問いの「本丸」にいどむまえに、新自由主義思想の基礎にある、ふたつの考えかたを検討し、この思想がひとつのイデオロギーであること、より強くいえば、願望の表明にすぎないことをあきらかにしておきたい。

ひとつめは、ハーヴェイが指摘したような、経済的な自由が政治的な自由や市民の自由を生むという考えかたについてだ。

政治的自由や市民の自由がどれくらい実現したかを見るとき、研究者によってしばしばもちいられるのがアメリカを拠点とする非政府組織 Freedom House がおこなった Freedom in the world という国際調査である。

この資料では、「自由な国」「部分的に自由な国」「自由ではない国」の3つの分類があり、1972年以降の推移をたしかめることができる。

１９７２年から80年までのあいだに「自由ではない国」のしめる割合は46％から35％に低下している。一方、レーガンやサッチャーが表舞台にあらわれ、経済的な自由をほめそやす風潮が強まっていった１９８０年から２０１６年までのあいだにこの数値は26％へとさらに低下した。

ようするに、１９７０年代の10年弱の低下幅と、新自由主義の流れが強まった36年の低下幅は前者のほうが大きい。経済的自由の広がりが政治的自由を強化したかどうかは、ハッキリしないのである。

もうひとつ見ておこう。Global Trends in Governance, 1800-2010 では、民主国家と独裁国家、それぞれの数の長期的なうごきを知ることができる。

民主国家と独裁国家の数を見ると、たしかに１９８０年代以降、後者の数がはっきりと減り、前者の数が急激に増えている。

ただ、第二次世界大戦後、民主国家の数は一貫して増大をつづけていた。１９８０年代以降の民主化のながれは、この延長線上にあると見ることができるし、それ以前に、ケインズ主義の時代にも独裁国家の数じたいは減っていた。

１９８０年代以降に限定しても、独裁国家の数が大きく減少したのは、ベルリンの壁が崩壊した90年前後の時期だ。その意味では、経済的自由が強化された結果というよりも、政治的、

図1　一人あたりのGDP伸び率（1961～2003）

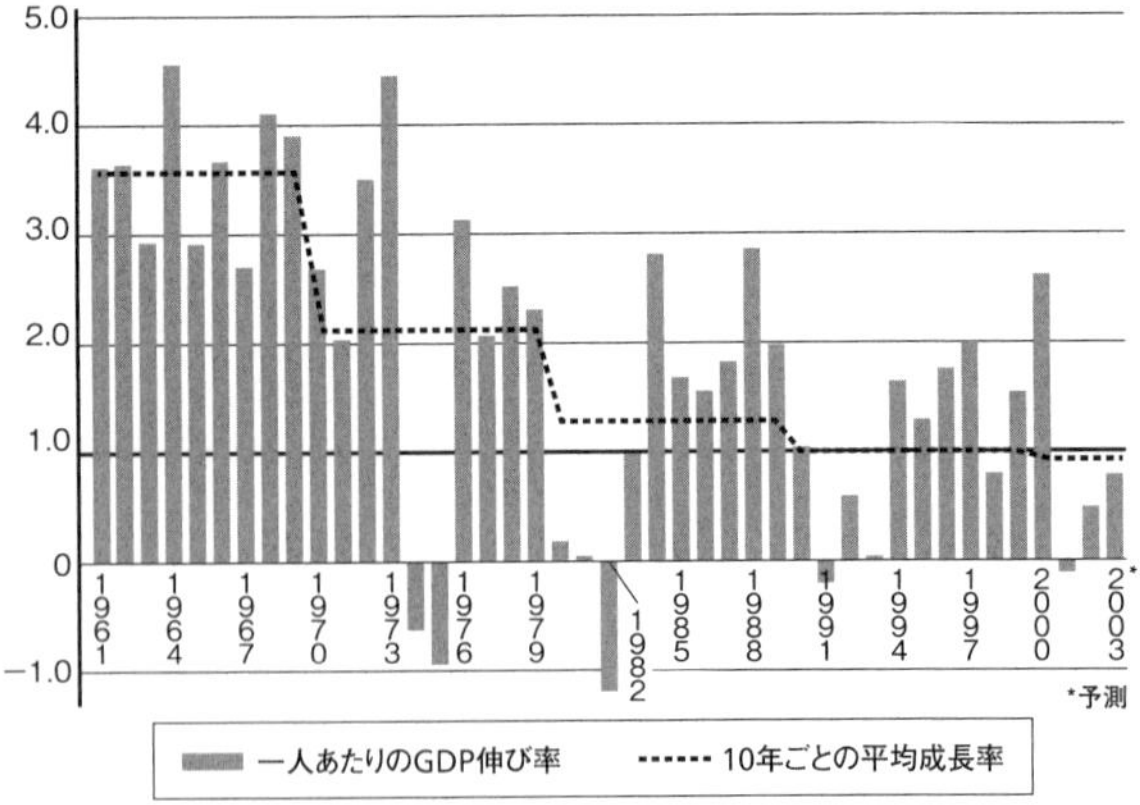

出典：世界銀行、2003年の世界開発指標（オンライン版）、
世界銀行、2004年世界経済の見通し

市民的な自由それじたいが強化されたから民主国家が増えたと見るほうが正しいだろう。

ふたつめに、「経済的自由＝人類の富と福利の最大化」という主張を見ておきたい。

世界銀行のデータを見てみると、１９６０年代の世界の平均成長率は５・４％だった。これが70年代に３・８％、80年代に３・１％になり、90年代は２・８％、２０００年代は２・９％という推移をたどっている。データを見るかぎり、新自由主義が普及していくにつれて経済成長率はむしろ低下していっている。

別のデータで追試してみよう。同じ指摘はＩＬＯ（国際労働機関）のレポートA Fair Globalizationでもなされている。このレポートから引用した**図1**を見るとわかるように、一人あたりＧＤＰの伸び率を見てみると、１９６０年代以降、10年ごとの平均成長率は低下している。

もちろん、新自由主義的な政策を受けいれなければ、さらに経済成長率は低下したはずだと強弁することはできる。それはそれでよいが、ひかえめにいっても、経済的自由が経済の成長をもたらすかどうかはよくわからない、というのが現実だろう。

このように、経済的自由が政治的、市民的な自由を生みだす、人類の富と福利をもっとも増大させるという考えかたは、明確な根拠にもとづくものというよりも、そのような考えかたを志向するイデオロギーのひとつだと考えたほうがよい。

逆にいえば、左派・リベラルが断罪のことばとして新自由主義というレッテルを貼るとき、それは、新自由主義的な政策志向がひとつの願望をしめすものにしかすぎず、そのイデオロギー性を暴くために批判をくわえたと見ることもできるだろう。

なぜ格差が広がっているのか

左派やリベラルがもっとも強く批判したのは、新自由主義的な政策が採用された時期に、所得の格差が先進国の全体で拡大していった点だ。格差の大きさをあらわすジニ係数の推移をしめした**図2**を見れば、１９８０年代後半以降、先進国で所得格差が拡大していることがわかる。

では、なぜこの時期に格差が広がったのだろう。そして、その格差の広がりの原因は、新自

図2　先進7カ国のジニ係数

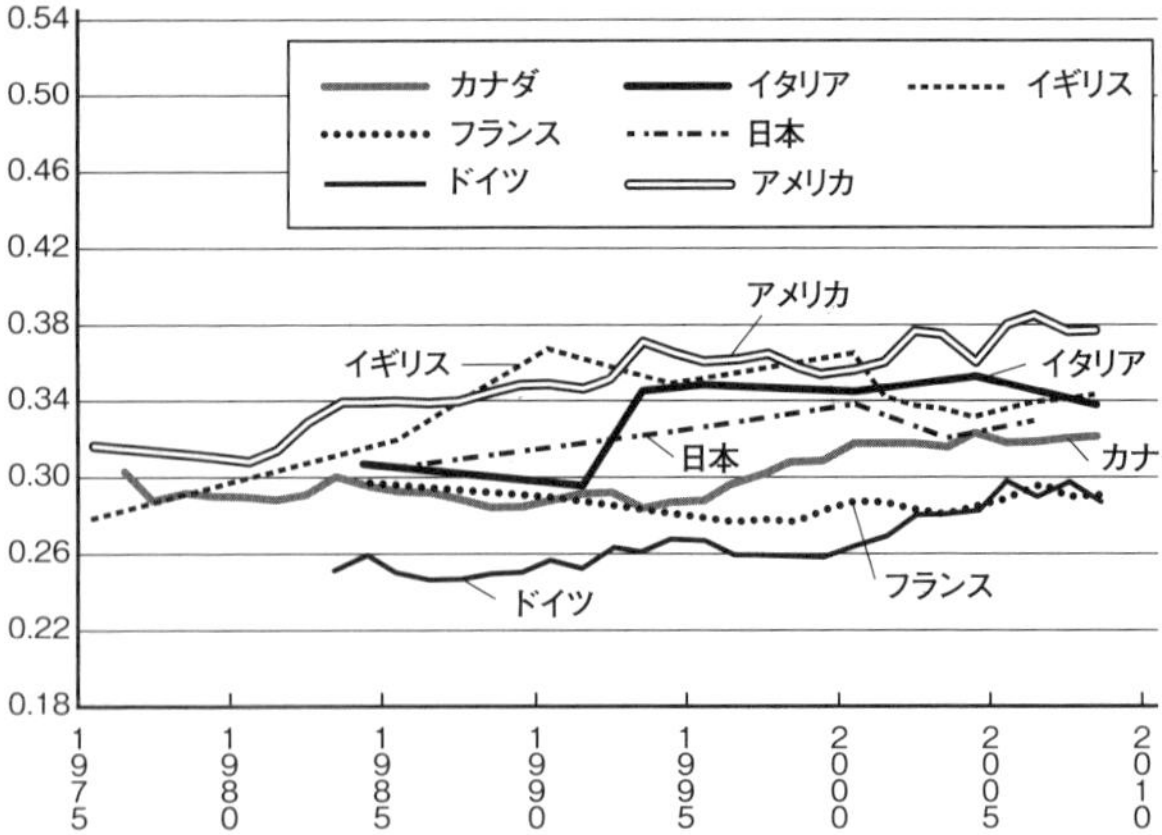

出典:OECD世界所得分布・貧困データベース

由主義思想にあるのだろうか。

所得格差の広がりを考えるうえで無視できないのは、財政支出の推移だ。

財政には3つの機能がある。第1は、好況期に支出を減らし、不況期に支出を増やすことで経済を安定させる機能である。景気が悪くなれば減税をし、公共事業を増やすという1990年代の日本でおこなわれた政策パッケージは、その代表例だ。

第2は、市場では提供しにくいサービスを供給する機能である。企業はもうからない仕事はやらないし、巨大な設備や投資を必要とするサービスもまた、企業には荷が重い。公園であれ、消防や警察であれ、道路や水道であれ、これらのサービスは財政をつうじて提供される。

第3は、所得の少ない人たちに給付したり、富裕な人たちに課税したりすることで格差を小さくする機能である。ポイントはこれで、財政支出の削減や行きすぎた所得減税は、富の格差の拡大と直結する問題なのである。

新自由主義の歴史をたどると、1979年にサッチャーがイギリスで政権をにぎり、翌年にレーガンが登場して大胆な財政改革をおこなったのが、目に見えるかたちでのスタートだったことがわかる。

1980年代のイギリスでは財政支出が削減され、大胆な所得減税をおこない、その穴を日本の消費税にちかい付加価値税でうめた。

アメリカでも同様に大幅な所得減税がおこなわれ、相対的に見て低所得層の負担が大きい社会保障税が強化された。また生活保護をふくむ公的扶助も抑制された。まさに、富裕層の負担を低所得層に移しかえる戦略がとられたわけだ。

さらに1990年代に入ると、日本をのぞく先進各国で小さな政府、財政規模の縮小へのうごきが強まっていった。

その理由はなにか。ひとつには、冷戦体制が終わりをむかえ、社会主義や政府の介入を支持する思想がきびしい批判にさらされたことがあげられる。

さらに、新自由主義的な政策をリードしたアメリカとイギリスが空前の好景気を経験し、反対に、それまで世界経済を引っぱってきた日本とドイツが長期的な経済停滞にくるしんだことも大きかった。新自由主義思想が説得力を持って受けとめられたのである。

グローバリズムと呼ばれたアメリカ主導の世界戦略の影響も無視できない。１９８０年代初頭、中南米諸国や東欧諸国では累積債務問題が起きていた。アメリカ政府はＩＭＦ（国際通貨基金）や世界銀行とタッグをくみ、財政支出の削減、経済の自由化、国際収支の改善などを追加融資の条件とした。いわゆるワシントンコンセンサスだが、融資にかかわった他の先進国もこの方向性を支持していった。

もう一点、共通通貨であるユーロを導入するための地ならしとして、１９９２年にマーストリヒト条約が調印されたこともあげておこう。各国が気ままに積極財政をおこなえば、ユーロの価値がさがり、健全な財政運営をおこなっている国ぐにが損をする。そこで、財政赤字の対ＧＤＰ比を３％以内に、政府債務の対ＧＤＰ比を60％以内におさえることがユーロ加盟の条件とされ、財政拡張に歯止めがかけられることとなったのである。

新自由主義とグローバリゼーション

このように、財政運営のうごきを追ってみると、１９８０年代以降、小さな政府への志向が強まったことはまちがいない。

のちの章で述べるように、日本でも所得税や法人税の減税があいつぎ、反対に逆進性の強い消費税の導入・増税がおこなわれたし、2000年代には年金や生活保護費、さらには地方自治体間の財政格差を小さくする地方交付税までもが減らされた。小泉純一郎政権期に「格差社会」が批判されたことでもわかるように、新自由主義的な政策が無視できない問題を引きおこしたことは事実である。

だが注意したいのは、世界的に起きた新自由主義化の潮流が、新自由主義のイデオロギーによるものなのか、米英の成功体験に引きずられたものなのか、融資国・関係国の利害追求の結果なのか、ヨーロッパの伝統的な共同体志向によるものなのか、いずれもはっきりしない点だ。これら全体の結果として、新自由主義的な政策が好まれたとすれば、新自由主義思想は原因ではなく、結果だということになる。

また、新自由主義とグローバリゼーションを僕たちは同じ意味のように使いがちだが、両者は同じではなく、むしろ所得の格差を拡大させた犯人は後者である可能性もある。

近年、経済、政治、文化的機能が集積したグローバルシティが生みだされたこともあって、**図3**にあるように、世界的な都市化がすすんでいる。国連の予測によれば、1950年に3割程度だった都市人口は、2030年に6割にたっするといわれている。

都市化がすすむと、そこでの消費をみこんで、第3次産業、サービス産業の集積がすすむ。だが、サービス産業にふくまれる飲食業や福祉業は大きな付加価値を生みにくい。居酒屋でビ

図3　都市の人口と地方の人口（1950〜2050）

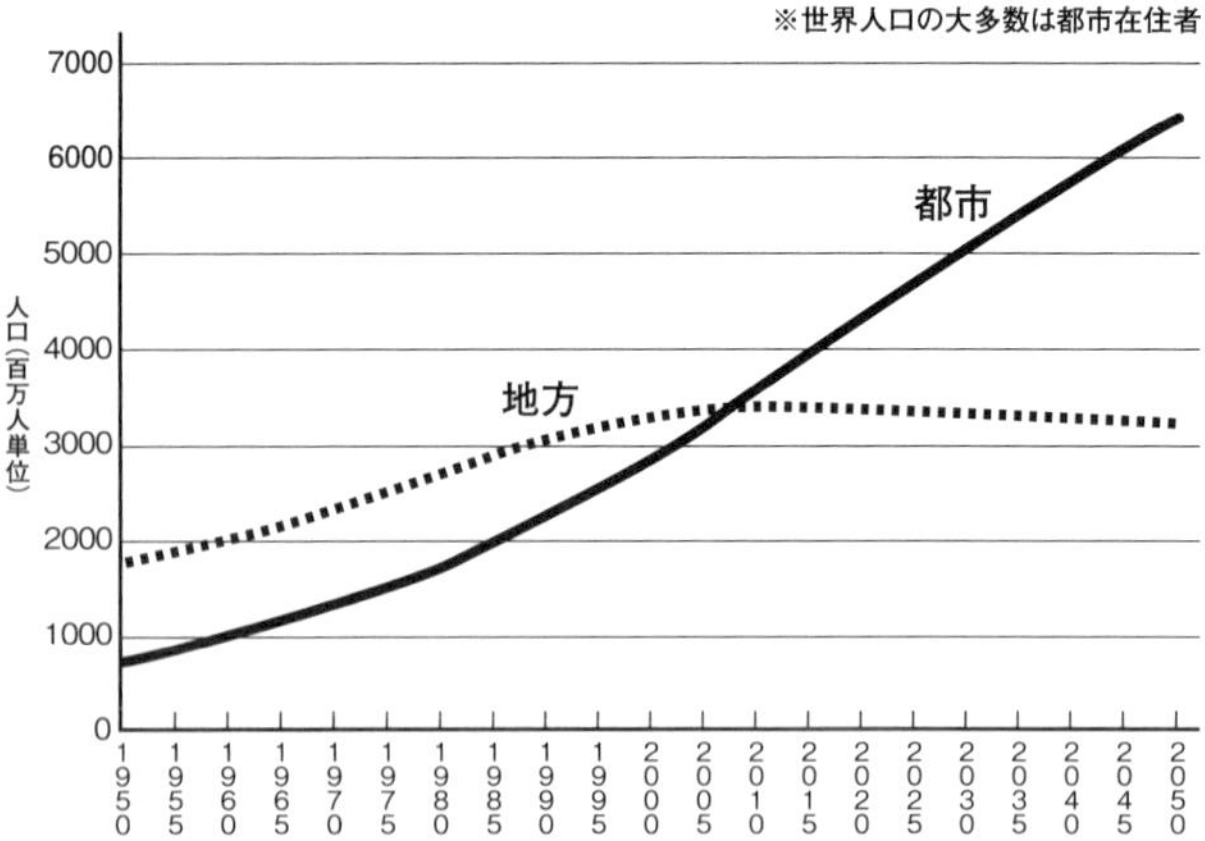

出典：United Nations, World Urbanization Prospects, 2014 Revision

ールをついで運ぶ、福祉施設でお年寄りをベッドに寝かせる、これらは必要な作業ではあっても、大きな経済的な価値を生みにくいことは理解しやすいだろう。

労働に対する付加価値が小さい、つまり労働生産性が低ければ、賃金も低くおさえられてしまう。都市化の進行、サービス経済化、労働者の所得低下という問題は、先進国共通の課題になっている（『通商白書２０１５』、須藤時仁・野村容康『日本経済の構造変化』）。

また、グローバリゼーションは、ヒトとモノの移動を活発化させた。新興国から先進国に安い商品がながれこみ、労働者もまた移入して平均賃金を押しさげた。こうして、日本だけではなく、先進国の全体で、物価と賃金が低下していった。

グローバリゼーションとセットで起きたのは、

ＩＣＴ（情報通信技術）の革命とまで呼ばれた発展だった。ＩＣＴの進化は、ふたつの意味での「陳腐化」をうながした。まず、それまで高度な技術や知識を必要とし、熟練労働とみなされてきた仕事が「陳腐化」され、高い賃金をもらっていた人たちの給与水準がさがってしまった。

つぎに、ＩＣＴそのものの「陳腐化」がはやく、新しい技術への対応ができない多くの労働者を生みだした。新たな技術を持つ人たちが高い賃金を手にする一方で、陳腐化した技術を持つ人たちの所得は大幅に低下することとなった。

さらに労働組合の弱体化もすすんだ。正規雇用と非正規雇用の分断が生まれ、非正規労働者を既存の労働組合が吸収できなかったことが原因である。しかも、グローバリゼーションのなかで次々と誕生したデジタルテクノロジーを駆使する企業の労働者は、そもそも巨額の給与を手にしたことから労働組合を結成する必要がなかった。労働組合の弱体化は雇用と賃金の不安定化をもたらしていった。

最後に株主資本主義化の問題をあげておこう。株価の上昇をもとめる市場の声は、企業の経営者たちの給料を株価と連動させるしくみをあと押しした。株価を判断する基準として注目されたのは当期の純利益だ。人件費をけずり、当期の純利益を水ましすることによって、株価を押しあげる。そうすれば自分たちの給料もあがる。株価、賃金をあげるために、人件費を切りさげる強い動機が経営者側にうえつけられていったのである。

レッテル貼りをこえる

以上のように、経済のグローバル化とともに、働く人たちの所得をさげる圧力がくわわる一方、資産所得と労働所得のあいだの格差もまた拡大した。所得の上位1％の家計に集中する富の割合は、英米で先行して高まり、1990年代に多くの先進国でも上昇していった。

もちろん、新自由主義的な政策が原動力となって、市場の自由化がすすめられ、国家間の壁が弱くなり、グローバル化が推しすすめられた側面はある。

だが、歴史学者ハロルド・ジェイムズ（1956〜）が指摘するように、グローバル化は世界の歴史のなかでたびたび登場している。グローバル化がすすんだ結果として、国であれ、企業であれ、そのルールのもとで収益をあげるために、結果的に新自由主義的な政策を必要としただけなのかもしれない（ハロルド・ジェイムズ『グローバリゼーションの終焉』）。

あるいは、政治哲学者ジョン・グレイ（1948〜）のように、自由市場をフィクションとみなしグローバルな経済は市場自由化の結果ではなく、国家どうしの政治的闘争の結果だと主張する論者もいる。もしそうだとすれば、新自由主義もふくめて、国民国家どうしの政治対立のなかにこそ、そうした思想の広がりの理由を見いだせるのかもしれない（ジョン・グレイ『グローバリズムという妄想』）。

思えば、ヨーロッパの政治・経済統合もまた、新自由主義が広がる以前から議論されていたし、都市化も第二次世界大戦後の傾向的な変化だった。ＩＣＴの発展やサービス経済化も、国防政策やオイル・ショック以降のニーズ変化と無関係には起きえなかった。

新自由主義が広がりをみせた時期に所得格差が大きくなったことは事実だ。だが、それらの原因をひとり新自由主義に帰すわけにはいかない。もし仮に新自由主義が犯人だったとしても、なぜ新自由主義が必要とされたのか、とりわけそれがどのように僕たちの国を熱狂のうずに巻きこんだのかは、もっと慎重に議論されるべきテーマなのである。

新自由主義はひとつのイデオロギーである。だが、平等を志向することもまた、ひとつのイデオロギーのあらわれでしかない。問題はどちらが論理的に優れているかではない。なぜ前者が後者をこえて広がっていったのか。ここに解きあかされるべき問いがある。

僕は新自由主義に批判的な立場をとる。だがそれはレッテル貼りをするためでもないし、新自由主義を頭ごなしに否定するためでもない。

なぜそのような政策パッケージが先進国で必要となったのか、なぜこの思想がかくも広がり、影響力を持てたのかについて、僕たちの財政の歴史を振りかえりながら追跡していく。そのうえで、政府を切りきざむことの問題点をあきらかにし、それとは別のやりかたで、より人間が自由な生きかたを追求できる方法はないのかを考えていく。

家族や共同体を呼びこむ新自由主義

新自由主義に批判的なスタンスをとる理由、今後の議論の道すじをしめすために、読者と共有しておきたい論点がある。

みなさんも「新保守主義」ということばを聞いたことがあるだろう。あるいは「トリクルダウン」や「上げ潮」ということばも耳にしたことがあるかもしれない。これらは、新自由主義とセットでかたられたことばだが、なぜこれらは組みあわせられたのだろうか。

1960年代のアメリカでは、ベトナム戦争をきっかけとして文化的な反動が起き、若者は、家族の解体や性の自由を声高にさけぶようになった。また、ときの大統領リンドン・ジョンソン（1908〜1973）は、「偉大な社会」をキャッチフレーズに、医療に、貧困対策に、さまざまな施策を打ちだしていた。戦争で社会がゆれうごいた時代だった。小さな政府のアメリカでさえ、人びとの命やくらしへの保障を先おくりできなかったのである。

だがこのうごきに反発するように、アメリカの伝統的な自由主義への回帰がもとめられ、政府の介入を否定する声が強まっていった。また、保守派は、福音派やファンダメンタリストと呼ばれる宗教グループを中心に、家族やコミュニティ、道徳の復権を強くもとめていった。これらが結びついた「新保守主義」が1970年代に急速に広がりを見せていった。

イギリスも同じだった。「イギリス人の家庭は城である」といわれ、信仰、道徳のよりどころとしての家族を神聖視したビクトリア朝時代（1837〜1910）を引きあいにだしながら、サッチャーは「ビクトリア朝の美徳（Return to Victorian Values）」を繰りかえしうったえていた。

このように、新自由主義による財政支出の削減は、同時に、家族や共同体の復権をよびさまさずにはおかなかった。所得格差を是正し、まずしい人たちの命やくらしを支える財政が小さくなれば、当然、所得格差は広がり、社会は不安定化する。この問題を解決するために、新自由主義的な政策を主張する人びとは、家族や共同体の存在が人びとのくらしを支えるという「別のロジック」を必要としたのである。

富めるものがゆたかになれば、まずしいものにも富がしたたり落ちるという「トリクルダウン」、あるいは、潮が満ちればすべての船がもちあげられるという「上げ潮」も同じだ。ここでも、財政が小さくなることで生まれる社会の動揺にたいし、財政を小さくすれば経済が成長し、成長すればすべての人びとが幸福になれるという「別のロジック」が必要だった。

これらはけっして科学的に裏づけられた主張ではない。つまり、新自由主義、あるいはこれとむすびついた新保守主義が本当に僕たちを幸福にできるかどうかはわからない。

だがここで問われたのは新たな「ロジック」だ。こうすれば、こうなるという理屈、財政を小さくしてもなお、幸せな未来が待っているという理屈で人びとを説きふせられるかどうか、だ。その意味で、「国家の強制に比べてたとえ速度は遅くとも、確実に各自の目標を実現できるのだと仲間を説得しなければならない」というフリードマンの見とおしは、正しかった。主張の正しさではない。そうなのだと説得できるかどうかがカギだったのだ。

日本型福祉社会論の登場

じつは、1970年代の後半に財政危機にくるしんだ日本でも同じことが起きていた。ときの首相であり、大蔵官僚としての経歴を持つ大平正芳（1910〜1980）は、財政赤字を減らすことを最優先にした。支出をけずる努力の一方で、消費税の導入をこころみたものの挫折するなか、彼は家族主義の復活をうたう政治キャンペーンをはった。「日本型福祉社会論」である。

日本型福祉社会論が強調したのは、一人ひとりの「自助努力」、そして、家族やご近所さんによる「相互扶助」だった。大平はいった。

「私は、日本的な問題解決の手法を大切にしたいと思います。すなわち、日本人の持つ自立自助の精神、思いやりのある人間関係、相互扶助の仕組みを守りながら、これに適正な公的福祉を組み合わせた公正で活力ある日本型福祉社会の建設に努めたいと思います」

「家庭は、社会の最も大切な中核であり、充実した家庭は、日本型福祉社会の基礎であります。ゆとりと風格のある家庭を実現するためには、各家庭の自主的努力と相まって、政府として、住宅を初め家庭基盤の充実に資する諸施設の整備を初め、老人対策、母子対策等の施策の前進に努めたいと思います」（1979年1月25日　大平正芳施政方針演説）

財政を大きくできないときに、家族やコミュニティを重んじる、保守的なイデオロギーが全面に押しだされてくるというできごとは、日本にもみごとにあてはまっていた。大平は壮大で、明確な社会ビジョンをしめした。それをみとめたうえで問いたいのは、財政の機能が弱められたそのときに、家族やコミュニティといった社会基盤がそれを受けとめるだけの力を持っていたかということである。

ＮＨＫ放送文化研究所「日本人の意識」の各年度版を見ると、オイル・ショック以降、日本社会では、親戚やご近所さん、会社の仲間との親しさが一貫して低下している。

くわえて、１９７０年代は、仕事につく女性の割合が持続的に増え、専業主婦として子育てや介護を引きうけることがむつかしくなりはじめていた。政府のなかでも、家族の機能や、地域における助けあいの機能が弱まっていること、したがって社会保障を必要とする人びとが増えていくことが認識されつつあった。

企業は企業で人びとの生活支援から手を引きはじめていた。社宅や医療施設、社員食堂、そして育児支援など、企業が自分の判断で実施する福利厚生を法定外福利と呼ぶ。この費用の現金給与総額にしめる割合が、オイル・ショック後、なだらかに低下しはじめたのである。１９９０年代の前半に若干増大したが、この低下傾向はほぼ一貫してこんにちにいたるまでつづいている。

このような変化をあとづけで確認すれば、大平構想は残念ながら社会の変化をうまくとらえきれていなかった、といわざるをえない。

しかし必要なのは批判ではない。反省と学習である。

新自由主義が広がりはじめた時代に、政府は機能的に弱りつつあった家族や地域、企業の助けあいの精神に期待をよせた。家族やコミュニティの弱体化がすすむなかで、政府を小さくしつつ、家族やコミュニティの美徳を説く。あきらかなミスマッチだった。

これから解きあかしていくように、新自由主義思想も、財政再建路線も、ひとつの考えかたでしかないが、両者は政治的な思惑からむすびつき、僕たちの社会は、知らず識《し》らずのうちにそれらのうずに巻きこまれていった。

また、これものちに明らかにされるように、家族やコミュニティの機能が長期的に弱まっていくなかで、その機能を代替してきたのが財政である。

世界的な人口減少がはじまるこれからの時代にあって、家族やコミュニティの弱体化が強まる時期であればあるほど、その生まれ、成りたちからして、財政の機能はむしろ強化されるべきはずだ。その財政を圧縮しながら、家族やコミュニティに頼るという政策志向は、論理的にも、経験的にも大きな矛盾をかかえこんでいる。

それぞれの登場人物が、自分たちの好む理念や思想、あるいは、自分たちがのぞましいと思う状況を実現するために、人びとの生存や生活を犠牲にしてしまったとすれば、それは本末転倒でしかない。小さな政府と保守主義とを組みあわせることができなくなったいま、僕たちは、これからの社会をラディカル（＝根源的）に再構築しなければならない。「自由」というマジックワードにふたたび足をすくわれないようにするために。

第1章　新自由主義へ舵を切れ！

日本をおそった3つのショック

個人や企業の自由な経済活動が社会の福利を最大にするという思想――いわゆる新自由主義の思想は、どのような意図で、だれの利益をかなえるために僕たちの社会にみちびきいれられたのか。安定成長期から低成長期へと移行する１９７０年代から90年代の歴史をひもときながら、これからの3章でこの問いにせまってみることとしたい。

リチャード・ニクソン米大統領（１９１３～１９９４）は、１９７１年7月15日に中国への訪問を、翌月15日に「新経済政策」をそれぞれ発表した。金とドルの交換停止、10％の輸入課徴金など８つの項目からなる新たな経済政策の公表は世界中の人びとをおどろかせた。

これがひとつめのショック、ニクソン・ショックである。ショックは日本経済を直撃した。１９４９年以来、１ドル３６０円で固定されてきた円の相場は、12月のスミソニアン協定によって１ドル３０８円へと切りあげられた。

だがそれで終わりではなかった。73年3月までに、日本をふくむ先進各国はほぼ変動相場制へと移行したが、そのころ円相場は１ドル２６５円台にまで上昇していた。

１９７３年10月、第四次中東戦争をきっかけに原油価格が4倍に引きあげられた。これがふたつめのショック、オイル・ショックである。石油を輸入にたよっていた日本はひときわ大きな打撃を受け、「狂乱物価」と呼ばれたインフレ、経済のマイナス成長、経常収支の大幅な赤字という「経済のトリレンマ（三重苦）」にくるしめられることとなった。

経済のトリレンマが落ちつきを取りもどすのは1976年のことである。国内で物の値段があがれば、外国の商品は割安になる。しだいに安い商品が日本に入りこむようになり、その支払いのために円がドルにかえられたから、インフレや円高はおさまっていった。これに積極的な財政出動もくわわって、経済成長は軌道にのりはじめた。

ところが、1976年の前半に輸出が急増したことが災いした。6月に開催された第2回先進国首脳会議（サンファン・サミット）あたりから、「これは人為的な円安ではないか」という、日本への国際的な批判が強まっていった。いったん批判はおさまったものの、前年とくらべて国際収支の黒字が倍増するという状況のなか、批判のトーンはふたたび強まっていった。

バッシングの背景にあったもの、それはアメリカの大統領選だった。1976年11月、アメリカでは大統領選挙がおこなわれた。経常収支の黒字をたくわえつつあった日本や西ドイツ（当時）への批判を強めることで選挙戦を勝ちぬき、77年1月に大統領に就任したのがジミー・カーター（1924～）だった。

彼は、この時期の日本の経済政策に決定的な影響をあたえることとなる。これが3つめのショック、カーター・ショックである。

歴史的な円高

当時のアメリカは、高い失業率とインフレにくるしめられていた。カーターは失業率をさげることを最優先にしようとしたが、失業を減らすために財政支出をおこなえば物価があがる。そうしたくるしい状況のなかで出てきたのが、日本とドイツに経済を活性化するようもとめ、アメリカからの輸出を増やそうとする政治戦略だった。

この政治戦略にはふたりの旗ふり役がいた。ひとりはリチャード・クーパー（1934〜）、もうひとりはフレッド・バーグステン（1941〜）である。

1973年に創設された民間の政策協議グループに「三極委員会（Trilateral Commission）」というものがある。ここにはカーターのほか、カーター政権で副大統領をつとめるウォルター・モンデール（1928〜）、財務長官をつとめるマイケル・ブルメンソール（1926〜）、そして国務次官をつとめるクーパーらがメンバーとして名を連ねていた。

同委員会の理論的基礎をつくったのはクーパーである。彼は世界貿易を主導するアメリカ、西ドイツ、日本の3カ国が世界経済をリードすべきだとうったえ、これが三極委員会の「機関車戦略（Locomotive Strategy）」へと結びついていった。さらに日独両国にけん引役をもとめる声が強まるなか、彼の議論は日本でも「日独機関車論」として知られるようになった。

1974〜75年の景気後退によって、各国は深刻なインフレと失業にくるしんでいたから、機関車戦略は国際的にもひろい支持をあつめていった。

一方、バーグステンは、カーター政権で財務次官補（のちに財務次官）を担当した人物である。当時はブルッキングス研究所に籍をおいており、三極委員会ともつながりのあった彼は、大統領の選挙キャンペーンのさなかに円安の問題点を繰りかえし指摘していた。

1977年1月の終わり、モンデールを代表とする使節団がヨーロッパを歴訪したのち、日本をおとずれた。目的は、日独両国に景気対策をおこなうよう政治的圧力をくわえ、アメリカからの輸入をうながすことだった。この来日には、クーパーとバーグステンの両名が、次官級会議の中心的アドバイザーとして同行した（W. Carl Biven, *Jimmy Carter's Economy*）。

モンデールらは、アメリカだけが景気対策をおこなえば、ドルが割安となり、日本や西ドイツの通貨が割高となることで、結局は両国の輸出を減少させるだろうと述べ、国内の需要（内需）を拡大すべきだと、積極的な財政出動をせまった。

日本側から見れば、これはあきらかにアメリカの国益を優先させた要求だった。「ドルが弱くなってアメリカの輸出がふえ、経常収支で黒字を出して、それを資本面で海外に金を貸せば、アメリカの各分野がハッピーなわけです」という藤岡眞佐夫大蔵省（現財務省）国際金融局長の回顧はまったく的を射た見かただった（財務総合政策研究所「昭和50〜52年の国際金融局行政」）。

藤岡はバーグステンを説得し、円安批判の矛をおさめることを約束させた。だが、日本の経常収支の黒字額は西ドイツの2〜3倍にたっするという議論が広がり、アメリカでは、過小評価されている円だけを高めに誘導する「円の選択的切りあげ論」さえもが飛びかう状況が生まれつつあった（日本銀行百年史編纂委員会『日本銀行百年史　第六巻』）。

ブルメンソール財務長官は、日本の経常収支の黒字がつづけば、アメリカの保護主義がますます助長されると警告した。為替市場では、この発言が円安にたよった日本の輸出を批判するアメリカ政府のきびしい姿勢とみなされ、１９７７年には急激な円高がすすんだ。

アメリカは日本にたいする内需拡大圧力となるよう円高を放置した。こうして、１９７７年から78年にかけてふたたび円高がすすみ、とうとう為替レートは1ドル１８０円におよんだ。

日本経済は、１９７０年代の3つのショックを背景に、円相場がほぼ2倍になるという異様な経済環境におかれた。とくに60年代の後半ころから輸出が経済全体にしめるウエイトが大きくなりつつあったから、円高によって輸出が減ることへの不安は、政府、経済界、学界をも巻きこんで、景気対策への絶えざる圧力へとつながっていった。

2兆円減税

図4を見てみよう。１９７０年代の日本財政は、狂乱物価から脱出するために支出をおさえた時期をのぞき、ほぼ一貫して国債依存度を高め、政府の債務がふくらんでいる。

図4　70年代に急上昇した一般会計歳入にしめる国債収入の割合

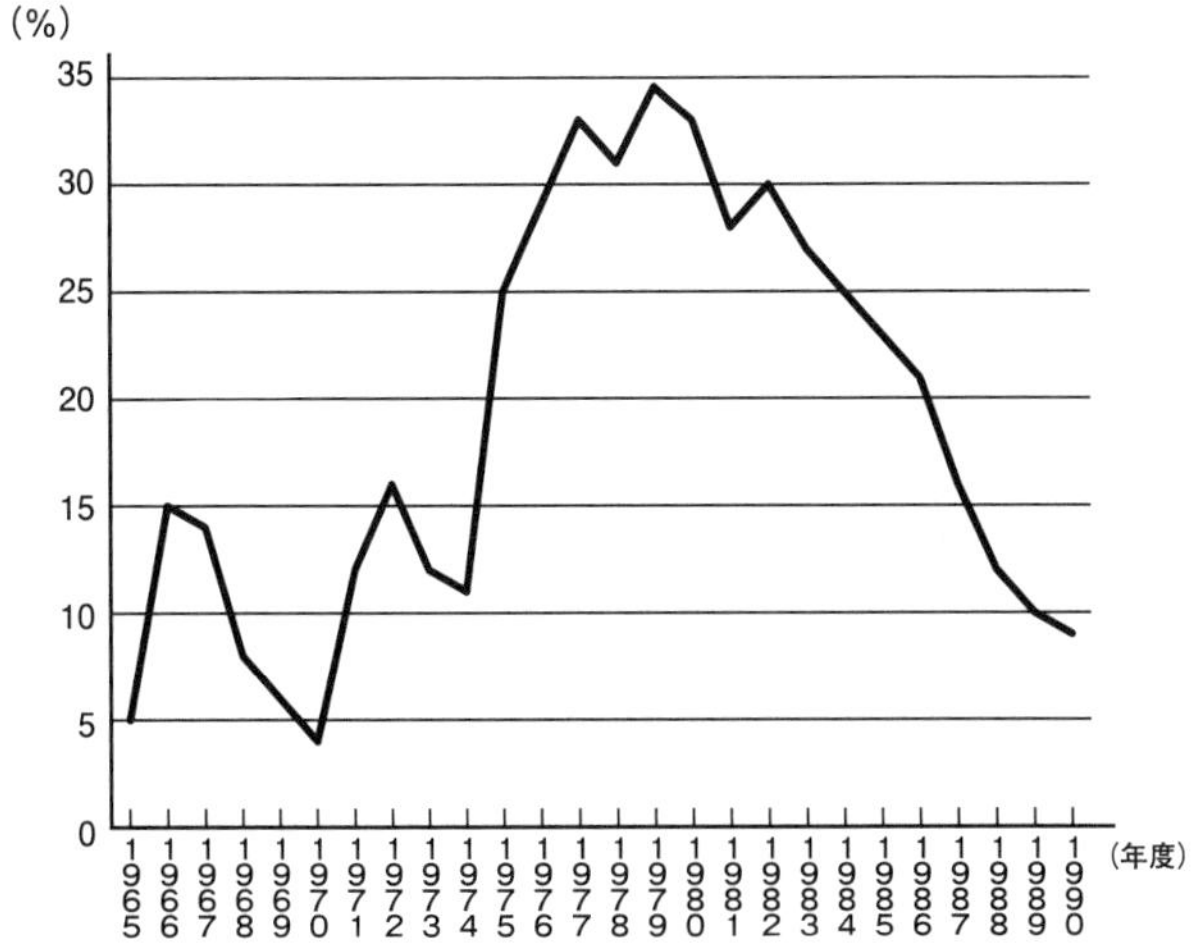

出典:財務省　戦後の国債管理政策の推移

ニクソン・ショックから対ドル為替レートが260円台にまで上昇した1973年にかけての時期、急激な円高に不安をおぼえた経済界は、政府に強力な内需刺激策をもとめた。新聞紙上には経済界の「救済」のことばがおどった。なんとも強烈な時代である。

田中角栄（1918～1993）が「日本列島改造論」をたずさえて政権を手にしたのは、まさにこうした状況だった。財政のとびらは経済にむかってひらかれ、思いきった公共投資が実施されていった。

だがこの選択はあきらかにタイミングをまちがえていた。というのも、この時期、景気はすでに底をうち、日本経済は成長の足どりを強めつつあったからである。

じつはこのことに経済界は気づいていた。

経済団体連合会（経団連）も、当時の政策について、「70年央以降の景気停滞を脱しつつあることは確かであったが、なお不十分と考え、73年度予算編成に当たって財政主導型の積極予算とすべきであるとの要望を行った」と振りかえっている（経済団体連合会『経済団体連合会五十年史』）。

景気が回復するなかで積極財政がえらばれたわけである。しかも資金のかなりの部分は用地の買いあげにまわされた。こうして地価・物価に火がついた折も折、不幸にも1973年10月にオイル・ショックがおこり、さきの狂乱物価が引き起こされたのだった。

事態にあわてた田中は、行政管理庁長官の職にあった福田赳夫《たけお》（1905～1995）に大蔵大臣への就任を打診し、物価を安定させるために景気をおさえる方針を打ちだした。

福田はしぶった。そこで田中は「日本列島改造という政策はとらないこととする、同時に自分はこと経済問題については一言も物を言わない」と約束した。こうして福田は蔵相を引きうける決心をかためた（福田赳夫『回顧九十年』）。

だが、福田の蔵相就任後、急激なインフレが景気の足かせとなるなか、オイル・ショックの前からかかげていた所得減税を田中はどうしても実施したいと言いはじめる。

そのころ病床にあった田中は、福田にこう伝えたという。「確かに私はあなたに大蔵大臣になっていただくときに、予算の問題、経済の大問題を全部あなたに任すと言った、しかし、これだけは譲れない」。抜本的な税制改正をのぞんでいた大蔵省主税局もこれに同調して、福田の説得にかかった。福田は折れるしかなかった（財務総合政策研究所「昭和46〜49年の主税局行政」）。

こうして1974年度予算では大規模な減税が実施されることとなった。いわゆる2兆円減税である。物価をさげたいのに大減税をおこなう。あきらかにちぐはぐな政策だった。だが、この2兆円減税こそが、皮肉にも新自由主義思想を受けいれる土壌となっていく。

はじまった財政健全化への苦闘

歴史的な大減税だ。主税局は、当然ながら、税収がかなり減ると予想していた。ふつうは物価があがるときは景気がよく、失業率がさがる。だが、物価と失業率がともにあがる「スタグフレーション」が起き、1974年には戦後初のマイナス成長がもたらされた。

おまけに、2兆円減税とはいうものの、所得減税の生む穴を小さくしようとじつは法人税の引きあげがセットにされた。こうして、景気の悪化に拍車がかかり、所得税収はもちろん、法人税収までもが大きく減ってしまうこととなった。

法人増税はかなりのスケールだったが、この大増税に経済界は反対しづらいものがあった。というのも、オイル・ショックで国民のくらしが不安定になるなか、市場を独占して、価格を支配しようとする、企業のカルテル事件が急増していたからである。

流通業者の買いしめ、売りおしみがしばしばマスコミに取りあげられ、大企業＝悪という反企業ムードが強まっていた。また、独占禁止法の改正も取りざたされ、企業分割や課徴金など、経済界からすれば「統制経済」といいたくなるような、自由経済の崩壊すら心配される事態に追いこまれていた（内田公三『経団連と日本経済の50年』）。

むろん経済界は法人増税に反対した。だが、企業批判のあらしが吹きあれるなか、これをつぶす動きにでたのでは、また何をいわれるかわからないという判断がどうしても先だち、増税反対でまとまるのにも多くの時間を必要とした（1973年8月19日付朝日新聞朝刊）。

増税ののち、1974年度の決算、75年度の予算では、巨額の歳入不足が生まれた。とりわけ、75年度予算では、税収の2割以上にあたる3兆円の歳入不足がみこまれた。ひどい財源不足を知りつつも、経済の低迷におびえた経済界は、74年の夏以降、不況対策の強化、赤字公債発行による財政出動を強硬にもとめていった。

政府は、1975年度補正予算、76年度当初予算で、それぞれ2・3兆円、3・8兆円の赤字公債発行に踏みきった。だが、これが終わりではなかった。76年12月、福田が首相の座につくと、カーター・ショック、つまりアメリカを中心とした内需拡大要求にさらされ、実質7％成長の国際公約をみとめざるをえなくなったのである。

オイル・ショック以降、経済成長がにぶりはじめていた日本にとって、実質7％成長という国際公約は無理難題だった。だが、円高圧力におびえる経済界からのプレッシャー、そして公共投資が成長を生むという高度経済成長期の成功体験に政府は引きずられた。こうして、政府はさらに大規模な公共投資に踏みきっていった。

1978年度予算は「臨時異例」の名にふさわしい、歴史にのこる予算となった。災害復旧等をのぞいた一般公共事業関係費は空前の伸びとなり、前年度からなんと34・5%も増えた。さらに、財源不足をおそれた大蔵省は、79年度予算に計上されるはずの3月期決算企業の法人税収を78年度の収入のなかにとりこむという奇策に打ってでた。

当時の主計局長だった長岡実は、「大蔵省の歴史に大きな汚点を残し、また財政はたいへんなことになってしまうのではないか」と不安を感じたという。長岡にしてみれば「財政の許容限度をもう超えている」予算だったのである（安藤博『責任と限界』）。

たしかに、第二次オイル・ショックにみまわれながらも、景気は改善をつづけた。だが、実質成長率を見ると、1978年度も79年度も国際公約を果たせなかった。

むしろ大きかったのはその副作用のほうだった。2度にわたるオイル・ショックをへて、先進各国が公共投資をおさえはじめたにもかかわらず、**図5**のように、日本だけは公共投資への依存を強めていった。そして国債発行は歯止めがきかなくなり、国債依存度は79年度に34・7%にまでたっしてしまったのである。

図5　日本のみ高い主要5カ国の公共投資（対GDP比）

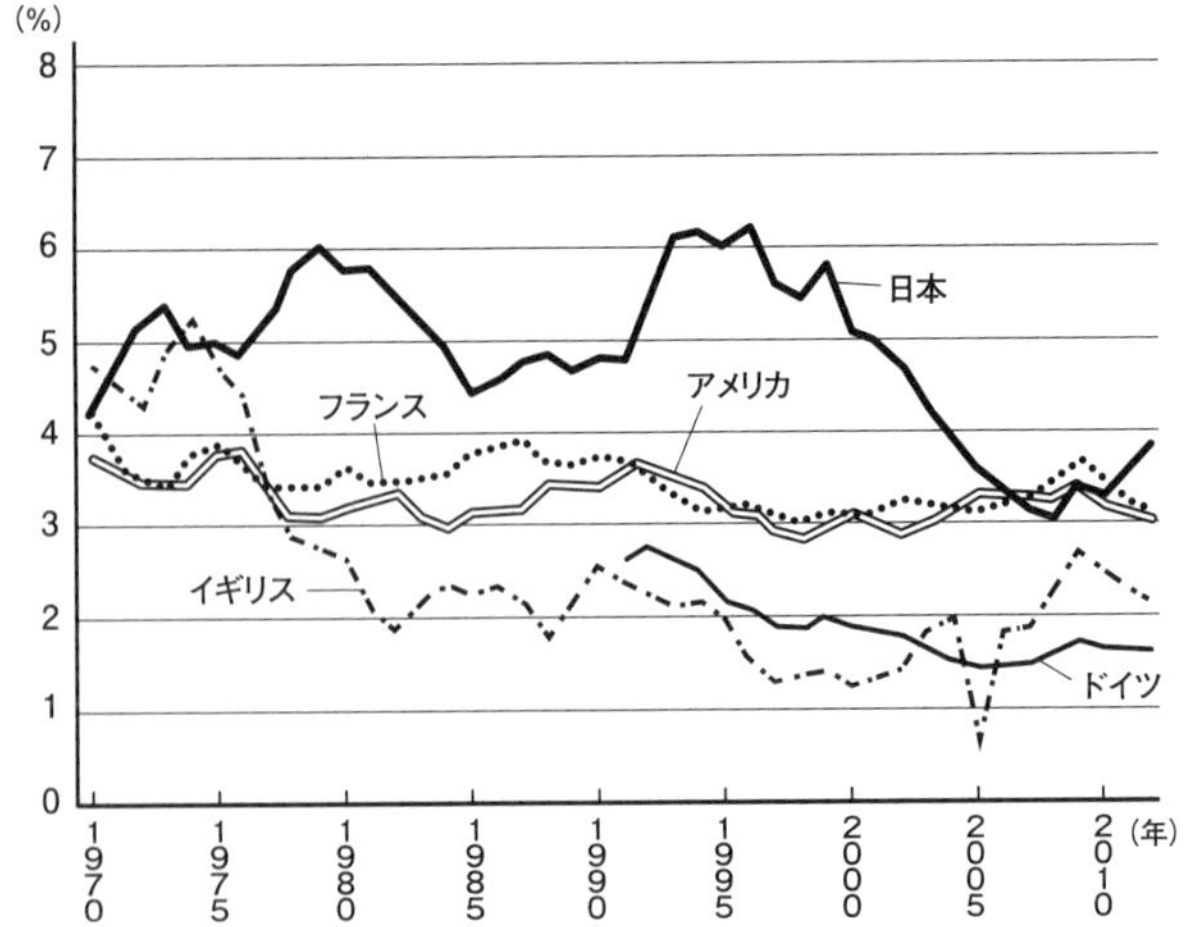

出典：OECD "Economic Outlook No.91"
注：ドイツは統一後の数字のみ

財政再建は待ったなしの状況においこまれた。必死の抵抗をみせた大蔵省主計局は、1978年度予算のなかで「骨までしゃぶった予算査定」をうったえ、行政経費の一部について前年度からの伸び率をゼロにした。これがのちの「ゼロ・シーリング」、すなわち、予算の伸び率を前年度比でゼロにする措置へとつながっていく。

こうして1980年代の財政健全化への苦闘ははじまった。

標的とされた経済界の抵抗

政府はいよいよ新しい税の創設に踏みだした。1960年代からすでに議論がはじまっていた、「一般消費税」の導入である。

新税の導入をめざしたのは、1978年

12月に福田のあとをついだ大平正芳だった。だが、増税のおもな目的は社会保障の強化ではなく、財政再建だったから、商工、婦人、労働、すべての団体がいっせいに反対の声をあげた。また、79年10月には、衆議院議員総選挙をひかえていたこともあって、結局、大平は新税導入をあきらめざるをえなかった。

この敗北は大きな傷をのこした。12月、国会では「財政再建に関する決議」が可決され、財政再建は一般消費税によらず、「まず行政改革による経費の節減、歳出の節減合理化」を先にすることが確認された。さらに、1980年6月、大平が心筋梗塞で急死した。突然の首相就任をせまられた鈴木善幸《ぜんこう》（1911〜2004）首相は、歳出削減による財政健全化をもとめた国会決議をそのまま受けつぐかたちで政権運営のスタートをきるしかなかった。

当初、大蔵省は、「増税なき財政再建」を不可能だと考えていた。1981年度の予算では、国債発行を2兆円減らすことにねらいをさだめたが、この目的をはたすために、おもな経費を1956年度予算以来もっとも低い伸びにおさえ、法人税、酒税および印紙税等、総額1・5兆円の増税が必要だと想定していた。

以上の増税は「史上空前の大増税」といってよいものだった。経済界に衝撃がはしった。彼らは歳出削減による財政再建をもとめるキャンペーンをはり、これに抵抗したが、最終的に2%の法人税率引きあげを飲まされてしまう。

経済界は、こうした負担の押しつけが繰りかえされることをおそれた。

「81年度予算は、財政再建の大前提である歳出の削減には手がつけられず、もっぱら増税依存のかたちで編成されたが、これでは財政再建は進まず、82年度以降も増税と財政膨張が繰り返されかねないことが危惧される」（前掲『経済団体連合会五十年史』）

当時、主税局の総務課長だった水野勝も、『税制改正五十年』でこう振りかえっている。

「四千億円、五千億円程度の規模のものであればともかく、昭和五十六年度になって一挙に一兆五千億円という大規模な増税となり、それが、国会でさして大きな問題にならずに淡々と審議され成立に向っているのを見て、財界としては、将来の大型増税への危惧が俄かに膨れ上ったと見てよい」

田中政権の2兆円減税につづけて企業はねらい撃ちにされた。政府のかかえこんだ借金のとばっちりを避けたい経済界は、増税ではなく、行政改革を徹底させた財政再建、すなわち「増税なき財政再建」を強くもとめるようになっていった。

1981年3月11日、当時の経団連名誉会長で、行政改革のために設置された首相への諮問機関、「第二次臨時行政調査会（以下、第二臨調）」の会長就任が内定していた土光敏夫（1896〜1988）は、鈴木に直談判した。土光は、徹底的に行政を合理化した「小さな政府」をめざすこと、増税にたよらず財政を再建することを鈴木にせまった。

ここで注目されるのは、土光が鈴木に行革への決断を繰りかえしせまったことにくわえ、官業が民業を圧迫するのをやめさせ、民間活力を最大限にいかすよう、もとめたことである。小さな政府、増税なき財政再建、民間活力の活用——のちの新自由主義へとつらなる政策のながれがここにはっきりとしめされたのである。

政治の「均衡」としての新自由主義

鈴木は土光の要求を受けいれる決断をした。その理由はどこにあったのか。

のちの中曽根康弘（1918〜2019）政権は、日本国有鉄道、日本専売公社、日本電信電話公社のいわゆる3公社の民営化をおこなったが、じつは鈴木も同じ方法を財政再建の切り札にできると考えていた。これらを民営化する際の株式の売却収入をあてこんだのである。

また、増収を見こめる税にはすでに手をつけてしまっており、さきの国会決議もあって新しい税を打ちだしづらいという問題もあった。大蔵大臣だった渡辺美智雄は、1981年度に大増税をやったてまえ、歳出削減以外に財政再建の方法はないと鈴木に告げていた。鈴木には選択肢がなかったのである（財務総合政策研究所「昭和55～57年の主計局行政（1）」）。

大蔵省の戦略ミスもこれにかさなった。1970年代にサラリーマンの租税負担の重さが問題とされ、同じ消費には同じ税がかかる一般消費税のメリットを同省はうったえていた。

だが、この戦術は、新しい税のまえに、まずいまある税制の不公平をなくすべきだという世論の反発をまねいてしまった。国民の大部分は、財政再建をおこなうなら、不公平な税制の是正、公務員の削減、役所事務・管理費の節約が必要だと考えていた。これにたいし、新しい税による増税への賛成は3・4％、公共料金引きあげへの賛成は3・6％にすぎなかった（1978年11月4日付読売新聞朝刊）。

では、新税の導入ではなく、所得税をあげることはできなかったのだろうか。ヨーロッパ諸国では経済成長の生みだす税収を社会保障や教育サービスのために使ってきたが、高度経済成長期の日本は、所得減税をつうじて納税者に所得をもどしていった。ほぼ20年ものあいだ、毎年のように税がもどってきた納税者にたいして、所得税の増税を告げることはおよそ政治的に不可能だった（前掲『税制改正五十年』）。

本当は、だからこそ一般消費税をという話だった。しかしそこでつまずいたことで、法人増税以外の選択肢がなくなってしまった。1970年代をつうじて積極的な財政出動をもとめつづけたのは経済界だったが、その結果生みだされた政府債務がみずからの負担となってはねかえってきたのである。

経済界は増税よりも歳出削減をこのむ納税者の声を逆手にとり、「増税なき財政再建」を世論にとけこませる戦略をとった。その土台のうえにたって、1980年9月の閣議で行政管理庁長官の中曽根康弘が提案し、翌年3月16日に設置されたのが先の第二臨調だった。行政管理庁からは「大蔵省にとっても財政再建のための千載一遇の好機と思って協力してもらいたい」との申しいれがなされ、同省も前向きにこれにおうじた。

こうして、役者たちは「行革」の舞台に結集した。新自由主義が歴史をうごかしたのではない。それぞれの役者の利害の一致、いわばひとつの政治均衡こそが新自由主義という名の時計のはりをうごかしたのである。

大蔵省の執念

ただし、大蔵省と経済界が一枚岩だったかと問われるならば、答えはノーである。それどころか、むしろおたがいが相手を利用した感がある。

まずは大蔵省サイドから見てみよう。

第二臨調では、国鉄、専売公社、電電公社の民営化をなしとげた。鈴木政権で議論がはじまり、中曽根政権で実現した「3公社の民営化」は、新自由主義的な行革の代表例として歴史にその名をきざむこととなった。

官業による民業圧迫を批判しつづけていた経済界にとっては朗報だったろうが、法人税のほうに光をあてると、彼らは煮え湯を飲まされつづけていた。

1981年7月、第二臨調は第一次答申をだした。ここでは「緊急に取り組むべき改革方策」として国民健康保険の一部都道府県負担、児童扶養手当における公費負担の削減、年金の支給開始年齢・保険料の引きあげなど、歳出削減の具体策がしめされていた。

ただし、これらの中身は、大蔵省内の議論の引きうつしだった。主計局は「ゼロリスト」「削減リスト」と呼ばれる資料をつくっていた。前者は公表されていたが、後者は他省庁を混乱させるおそれがあるとして、公表されなかった。ところが、この「削減リスト」は予算編成のなかで実際に活用され、また、第一次答申のなかにもそのすべてが盛りこまれた。

大蔵省がまんまと第二臨調を利用したかたちだが、その背景には、1982年度には増税なしで財政再建をおこなう、不退転の決意で政治生命をかけるという鈴木首相の発言があった。鈴木を支える大蔵省としては、なにがなんでも答申のなかに具体的な歳出削減案を盛りこまなければならなかったのである（前掲 財務総合政策研究所「昭和55〜57年の主計局行政（1）」）。

ところが、ここで大問題が起きる。1982年度の予算をくむプロセスで、税収が見つもりより小さくなることがわかり、その穴うめが問題となった。見つもりをつくる主税局はもちろん、鈴木も窮地にたたされたが、この窮地を救うことになるのもまた、臨調の答申だった。

増税が避けられないと考えた大蔵省の幹部は、自民党税制調査会の会長の山中貞則をたずねた。山中は「総理が増税なしと言っているんだが、おまえは、その増税をしろということを言うつもりか」と不満をかくそうとしなかった。

だが、第一次答申にあった「税負担の公平確保は極めて重要な課題」との一文を盾に、「税収をふやすのを目的に改正するのは増税ですけれども、不公平を直したら結果的に税収がふえたというのは増税という必要はない」とうったえ、大蔵省の幹部は山中を口説きおとすのに成功するのである（財務総合政策研究所「昭和55～57年の主計局行政（2）」）。

ではどの不公平をただすのか。やり玉にあげられたのは、またもや企業関係の税だった。

当然、経済界は激怒した。首相批判がわきあがり、さらに、面目をつぶされた土光は、きびしい口調で、会長辞任をちらつかせながら政府にせまった。経団連もまた、増税は行革に逆行すると繰りかえし批判をくわえた。

大蔵省は特別会計からの繰入金を２０００億円用意し、企業増税のはばをおさえる手に打ってでた。増税にたいして、税外収入で大蔵省も痛みをおうという、よそおいをととのえたのである。こうして、１９８２年度予算では、増税なき財政再建の看板をかかげながらにして、３

500億円の増税が決定された。

鈴木への批判はおさまりを見せなかった。一方、鈴木は1984年度に赤字国債から脱却できなければ政治責任をとる、と明言していたが、82年度の途中に5兆円以上の税収の減少が予想される事態におちいった。こうして赤字国債ゼロという目標が実現不可能となり、82年10月、鈴木は、突然、退陣を表明することとなる。

さらなる試練

鈴木の退陣を受けて成立した中曽根康弘政権のもとでも経済界の受難はつづいた。

1974年度の2兆円減税を最後に、本格的な所得減税は実施されてこなかった。だが、83年は、6月に参院選、12月に衆院選をひかえており、とくに後者ではロッキード事件の1審判決で田中元首相が有罪判決を受けたこともあって、きびしい選挙が予想されていた。

もうひとつ、すでにふれたように、このころの所得税は、所得におうじて税率のあがる累進性が強く、中間層に負担感をあたえていたことから、「不公平税制」が問題視されていた。景気対策という理由をこえて、中間層の負担軽減に政府は取りくまねばならなかった。

こうして、1984年度には、22年ぶりとなる所得税の最高税率の引きさげがおこなわれ、それぞれの税率が適用される所得区分の数も減らされることとなった。

1984年減税はあきらかに政治的な意図からはじまったものだった。だが、増税なき財政再建をもとめる空気が冷めきらぬなか、赤字国債にたよることはむつかしかった。この減税のために必要と考えられた7700億円の財源をどこから引っぱりだすのか。ここでまたまた白羽の矢をたてられたのが法人税だった。

増税なき財政再建をうたいながら、経済界に負担をおしつける、これではさすがに理屈がたたないと考えた大蔵省は、ここでもまた、第二臨調の第三次答申を逆手にとった。

答申では、「増税なき財政再建」とは「全体としての租税負担率(対国民所得比)の上昇をもたらすような税制上の新たな措置を基本的にはとらない、ということを意味している」とされた。この文面からすれば、所得減税の財源として仮に法人増税をおこなっても、租税負担率が上昇しなければ「増税なき」のお題は果たされたことになる。主計局は「増減税チャラならいいというかたち」を事前にしこんでいたのである(前掲『責任と限界』)。

経済界はもちろん歳出を減らして財源をつくるよううったえた。彼らは法人税の税率は戦後最高のままであり、日本の企業は国際的に見て負担が大きいこと、先進諸国は、経済活性化のために、租税特別措置などの政策的な配慮を取りいれていることを熱心に説いてまわった。

だが、主税局は、これにまっこうから反対した。いわく、1952年以来戦後最高の法人税率がつづいているが、52年当時とのこまかな制度のちがいをくわえた、実効的な税率を見ると負担はいまより昔のほうが重いのだ、と（前掲『税制改正五十年』）。

年があけると、経済界は、官邸や自民党にたいし、はげしい抗議活動をおこなった。これにたいし、大蔵省主税局は、酒税や物品税をセットで引きあげる提案をおこなった。国民にひろく負担をもとめる以上、経済界も痛みを分かちあうべきである、と自民党にたたみかけたのである。

そもそもの話、所得減税は自民党の打ちだした方針である。財源を赤字国債にたよれない以上、自民党も大蔵省の提案を受けいれるしか方法はなかった。こうして、2年間の限定ではあったが、所得減税の財源として法人税を引きあげることが決定した。政府によるねらい撃ちをまえに経済界の疑心暗鬼は限界にたっした。そして、この怒りは、バブル崩壊後の1990年代に規制緩和の推進と法人減税というかたちで噴出することとなる。

強まる外圧

次に経済界に目を転じてみよう。彼らは政治的に敗北したのか。たしかに税だけ見ればそう言ってよさそうである。だが、彼らは彼らでたくみに当時の政治状況を利用した。この点をあきらかにするために、最後にもう一度、国際経済に目を転じておきたい。

1981年12月、経常収支の赤字にくるしんでいたアメリカは、海外に流れでる資本をふたたびアメリカに引きよせようと、規制や税を軽くした非居住者むけの国際金融市場を新たにもうけることとした。

アメリカは自国の金融機関が外国市場で不利なあつかいを受けているとして、各国に金融自由化圧力を強めていった。国際金融市場をリードするアメリカのうごきをにらみながら、他の先進国もまた、自国に資本を吸いよせるべく市場開放路線に同調していった。

アメリカの国益が世界の経済秩序をゆるがすなか、経常収支の黒字が巨額にのぼり、経済的なパフォーマンスが好調だった日本にたいする風あたりは当然のように強まっていった。

日本は、1980年に外国為替及び外国貿易管理法を全面改正し、対外取引を原則として自由化した。だがこのとき、貿易などの実需のともなわない為替取引を禁じた「実需原則」が議論されはしたものの、最終的に撤廃は見おくられることとなった。

アメリカは、為替レートをより経済力に見あうものにし、同国からの輸入を増やすべきだとして、日ましに日本への圧力を強めていった。

圧力をくわえたのはアメリカだけではなかった。1981年10月、鈴木首相の要請を受け、稲山嘉寛《よしひろ》(1904~1987)経団連会長ほか、経済界の代表からなる政府派遣訪欧使節団が欧州7カ国とEC委員会を訪問した。各国ともにインフレ、失業、低成長、経常収支の赤字にくるしんでおり、とりわけイギリスとフランスは対日強硬政策を辞さないという、おどしめいた声を使節団によせていた。

使節団は、欧州の不満は「爆発点」にたっしていると考え、これを政府に報告した。政府は12月から1月にかけ、あわてて市場開放対策を打ちだした。だがほぼ同じころ、アメリカ議会は、日本を「不公正貿易相手国」とみなして、制裁を課そうとするうごきを強めていた。

こうして1982年5月に第2弾の市場開放策が決定された。駐米大使であり、中曽根の盟友でもあった大河原良雄（1919〜2018）は、大統領補佐官ウィリアム・クラーク（1931〜2013）あての手紙のなかで、「日本政府による決定は、自由貿易の原則を維持・強化し、世界貿易の均衡ある発展を促進するために、日本がはたさなければならない責任への強い自覚にもとづいたもの」と説明した。

日本政府の必死の努力にもかかわらず、小出しにされる市場自由化策をまえに、欧米諸国からの批判の声はいっこうにおさまる気配をみせなかった。圧力に耐えかねた政府は、海外からの輸入が増えるよう、1983年10月に総合経済対策を打ちだした。2月には景気が底いれしていたから、ねらいが対米貿易黒字の削減にあったのはあきらかだった。

この総合経済対策のなかには、先にふれた実需原則の見なおしや金融分野における外国企業の進出などが盛りこまれた。さらに11月にレーガン大統領が日本をおとずれた際、為替問題を検討するための財務当局者会議の設置も合意された。日米円ドル委員会である。

同委員会における中心人物はデイヴィッド・マルフォード財務次官補（1937〜）だった。マルフォードは国外の円取引における規制を撤廃するよう、日本政府に強くはたらきかけた。

大蔵省国際金融局長の酒井健三は当時のようすをこう振りかえる。「市場における円の規制というのを、これはできるだけ廃止すべきだというような、自由にすることが一番効率もよく望ましい姿であるという考え方で、日本側に向かってきた」「アメリカ側は、『自分たちの哲学に同意しろ。』というスタンスでございまして、そこがやっぱり一番大きな悩み」だった、と（財務総合政策研究所「昭和58〜59年の国際金融局行政」）。

経済界の権力闘争

1985年1月の中曽根訪米にあわせ、日米首脳会談が開催された。中曽根は会談のなかで、「国内民間需要主導の経済政策の推進といっそうの市場開放努力をおこなっていく」ことをレーガン大統領につたえた。とりわけ、翌年5月に主要先進国首脳会議が東京でひらかれることとなっていたため、その開催前に成果をしめすべく、政府は改革案の作成をいそいだ。

1985年4月に「対外経済対策」が決定され、7月に中曽根がイニシアティブをとった市場開放政策である「市場アクセス改善のためのアクション・プログラム」が策定された。これにつづく9月、ドル高を是正するための国際合意がなされた。プラザ合意である。

中曽根はすばやくうごき、翌10月、元日銀総裁前川春雄（1911〜1989）を座長とする私的諮問機関「国際協調のための経済構造調整研究会」を発足させた。体外経済対策やアクション・プログラムでは、アメリカからの批判をかわしきれないと考えた中曽根は、委員の人選すらさだまりきらないうちに研究会の設置を決定、公表したのだった。

この研究会発足の背後にあったのは、経済界の内部対立であった（菊池信輝『財界とは何か』、居林次雄『財界総理側近録』、経済同友会『経済同友会七十年史』および各新聞記事）。

「我慢と協調」を哲学とし、「ミスター・カルテル」の異名をとった稲山経団連会長は、「無用の競争をして国が繁栄するわけがない」と主張して、貿易不均衡問題を輸出の自己規制で切りぬけようとした。稲山は、競争の結果、採算割れで倒産する企業がでることをおそれていた。また、以前に対米鉄鋼輸出自主規制をまとめあげた実績を持っていたことも大きかった。

一方、土光＝稲山行革路線は、増税なき財政再建をうたいはしたが、増税をめぐって敗北をつづけており、経済界には不満がたまっていた。また、輸出を自分たちで規制するというアイデアは、輸出産業からみれば彼らの取引を縮小させるだけだった。

経済同友会の石原俊《たかし》、田淵節也らの若手グループは、稲山路線にたいして異をとなえはじめた。彼らは、工場を海外にうつすこと、国内では社会資本整備をつうじて内需を拡大すること、規制緩和、技術革新、民間活力で経済を成長させるべきことを主張した。

稲山は、鈴木政権下の第二臨調路線を全面的に支持してはいたものの、中曽根のアクション・プログラムにたいしては、「行動計画で貿易摩擦は解消しない。輸出調整しか道はない」と突きはなした見かたをとっていた。

一方、石原は、「市場開放政策で輸入を増やし、内需を増やして、緩やかな拡大均衡をめざすべきだ」と反論し、中曽根路線に同調しつつ、規制緩和をプログラムに盛りこむようもとめた。増税なき財政再建を旗印とした「我慢と協調」路線と、政府の規制緩和と民間活力を軸とした「新しい成長」路線とが経済界内部でするどく対立したのである。

中曽根は「新しい成長」路線を支持した。それは彼らの主張がアメリカの要求にちかかったことはもちろんだったが、プラザ合意後におこなわれた為替の協調介入が功を奏し、アメリカ議会で対日批判が下火になっていたことも大きかった。協調介入によって急激な円高が日本経済を直撃したものの、円高を技術革新と経営合理化の好機ととらえる「新しい成長」路線は、さらなる成長をもとめていた中曽根の政策とも波長があったのである。

座長の前川、そして石原、田淵にくわえ、宮崎勇、長岡實など、経済同友会に所属するメンバーが研究会に名をつらね、彼らが議論をリードしていった。そして翌年、「国際協調のための経済構造調整研究会報告書」（通称「前川レポート」）が発表されることとなる。

新自由主義へと方向づけた「前川レポート」

前川レポートは、明確な市場開放への道をしめした。「市場原理を基調とした施策」「グローバルな視点に立った施策」という文言を見ればわかるように、日本経済を新自由主義へと方向づける意図がはっきりと打ちだされた報告書だった。

中身を見ても、市場開放のためのアクション・プログラムの完全実施と製品輸入の促進、為替の安定と金融・資本市場の自由化、円の国際化などが高らかにうたわれている。「自由にすることが一番効率もよく望ましい姿である」といいはなったマルフォードの思いをそのまま文字にしたような内容である。

ここでもう一点、つけくわえておきたいのは、内需主導型の成長をめざすべく、大規模な公共事業を大都市圏にも拡充し、消費を刺激するための減税をおこなう、とされた点である。第二臨調路線、「我慢と協調」路線は一蹴され、「増税なき財政再建」はしずかに幕をおろしたのである。

こうして、規制緩和と内需拡大を柱とする「新しい成長」路線にそくした新自由主義的な政策が定着していく。経済同友会は『経済同友会七十年史』のなかで、「まるで八〇年代に入ってからの経済同友会の提言を集約したような内容」と整理しているが、それはまさに、経済界が政治を利用しながらおこなわれた権力闘争の結果でもあった。

新自由主義への道――それは、世界の潮流に日本が巻きこまれたという、単純な図式ではとても説明のつかないものだった。

アメリカを中心とする先進国からの政治圧力はたしかにあった。しかし、前川レポートの生みの親のひとり、中曽根行革のブレーンでもあった加藤寛《ひろし》が「勝手過ぎるけれども、アメリカのいうことを日本が利用すれば日本がよくなると思った」とふりかえったように、世界経済における地位を日ましに高めつつあった日本にとって国際競争はのぞむところでもあった（加藤寛『加藤寛・行財政改革への証言』）。

内外の経済環境の歴史的な変化、円高と法人税にくるしめつづけられた経済界の葛藤と内部対立、大蔵省の財政健全化路線、そして、内需拡大と規制緩和による「新しい成長」路線を跳躍板に増税なき財政再建路線と決別した中曽根の政治戦略、これらの要因が複雑にからみあいながら、新自由主義への道は切りひらかれていったのである。

第2章　アメリカの圧力、日本の思惑

アメリカの思惑

1985年のプラザ合意後の円高は、まさに日本経済の歴史にのこるできごとだった。年間の平均レートで見ると、同年の1ドル239円から翌年には169円へと上昇し、さらに2年後の1988年には128円をつけた。わずか3年で2倍ちかく上昇した為替レート。いまの日本ならパニックにおちいりそうな、そんな大変動が起きたのだ。

円高がすすむと、日本製品は割高になり、輸出は減る。ところが、歴史的な円高にもかかわらず、不思議なことに、日本の対米貿易収支黒字はそこまで小さくはならなかった。

理屈ではたしかに円高で輸出量は減る。だが、通常、貿易取引は、事前に契約がかわされていることが多い。そのため、為替レートが円高にふれても、輸出数量はそれほど減らない。

一方、輸出価格は上昇する。1ドルが200円から100円になったとしよう。これは、200円の商品がアメリカから1ドルではなく、2ドルで買ってもらえることを意味する。そして、歴史的な円高で、輸出価格の上昇がすごい速さですすんだ。いわゆるJカーブ効果（正確には逆Jカーブの効果）（図6）だ。しかも、円高は連続しておこったため、「（逆）Jカーブ効果の波」がうみだされていった。

こうして、対米貿易収支の黒字は、1987年まで増大をつづけ、88年に減少に転じたものの、プラザ合意以前の水準をはるかにこえる黒字額が積みあがってしまうこととなった。

歴史的な円高なのに、貿易収支は思ったほど改善しない。そんな矛盾のなか、１９８９年１月に誕生したのがジョージ・Ｈ・Ｗ・ブッシュ（１９２４〜２０１８）政権だった。この前後の時期は、アメリカ議会で対日批判が強まっていた。その雰囲気を背景に、ブッシュ政権は非常にきびしい態度で日本政府に対米貿易収支の改善をもとめた。

図6 （逆）Jカーブ効果

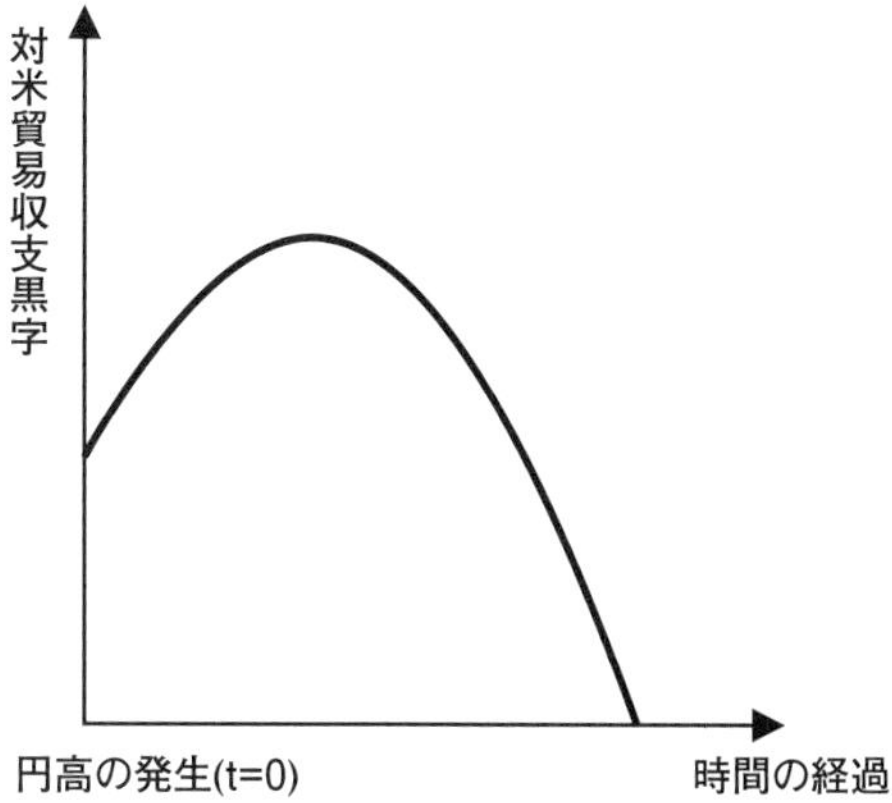

日米の経済交渉は、レーガン政権の前半ころまでは、個別の品目をめぐって議論がおこなわれていた。だが、１９８０年代なかばの「市場志向・分野選択型協議」で安倍晋太郎（１９２４〜１９９１）外務大臣とジョージ・シュルツ（１９２０〜）国務長官が複数の品目をまとめて議論したことがきっかけとなって、ブッシュ政権以降、包括的な政策協議がひらかれるようになった。そのはじまりが「日米構造協議（ＳＩＩ）」である。

構造協議発足の背後にあったのは、１９８８年８月にアメリカで成立した「１９８８年包括通商・競争力法」である。この法には、貿易相手国の不正な取引慣行について、その国と協議することを義務づけ、さらに問題が改善しないときの制裁がさだめられた「スーパー301条」が盛りこまれていた。日本政府はこの条文の日本への適用をやめるようアメリカ政府に要請した。アメリカ政府も日米関係の悪化に配慮し、スーパー301条を特定の「国」に適用するのではなく、木材加工品、衛星技術、スーパーコンピューターの「優先交渉3分野」を指定するにとどめた。日本政府の要望がみとめられ、あくまでも301条の枠外で協議はおこなわれるかたちとなった。

以上のように述べると、ブッシュ政権の配慮が感じられるように思うが、現実はそうではなかった。建前では日米双方がおたがいに相手への要求をおこなうことになっていた。だが実態はまるでちがっていた。通商産業省の通商政策局長をつとめていた畠山襄はこう振りかえる(畠山襄『通商交渉　国益を巡るドラマ』)。

「米国は、日本の輸入拡大の障害となっている(と彼らが考える)制度について意見がいえるが、日本は米国の輸出拡大の障害になっている(と我々が考える)制度について意見はいえても、米国の輸入の障害については意見はいえないのだ。これは、SIIの目的が『国際収支不均衡の削減に貢献していく』ためであったからであった」

全体で5回の作業部会が重ねられ、最終報告が1990年6月28日にまとめられた。報告書の前文を見てみると、畠山の指摘をうらづけるように、短い文のなかに「国際収支不均衡」という表現が6回も使われている。「協議」とはいうものの、現実にはアメリカの要望がはっきりとあらわれた、一方通行の議論だった。

内政干渉と論理の破たん

最終報告のはじめにかかげられたのは、「貯蓄・投資パターン」ということばである。そこには、経常収支の黒字をおさえるため、日本が「インフレなき内需主導型の持続的成長を目指す」と書かれていた。そして、その対応策として「社会資本整備の充実」がしめされ、報告書が出されたのと同じ日に「公共投資基本計画」が閣議で了承された。おどろくべきことに、1991年度からの10年間で430兆円もの公共投資を実施することが了解された。

また、「流通」の項目では、大型店の出店を規制するためにもうけられた「大規模小売店舗法（以下、大店法）」の改正をめざすこととされた。

当時、日米の合弁会社である日本トイザらスの1号店の設置をめぐって、大店法が障害となって開業のめどがたたないことが問題となっていた。最終報告では、この問題に対応すべく、大店法を改正することが明記されたのだった。

これ以降、海外企業の進出や大規模ショッピングセンターの設置が全国のいたるところですすむようになる。じつは、小売店舗総数は、1980年代のなかばころから減少をはじめていた。だが、小売店舗の減少をおぎなうように、コンビニエンスストアの数が増大した一方、90年代にはいって、大規模小売店舗の届け出数が急増した。

地域経済をささえていた商店街は壊滅的な打撃を受けた。それだけではない。日本が「輸入大国」となれるよう、製品輸入促進税制をもうけること、企業の市場参入をさまたげていた取引慣行を是正することなど、さまざまな改正項目が最終報告書にはならべられていた。

アメリカ政府は日本の「前川レポート」を高く評価し、1990年代のはじめに日本が輸入超大国となることを国民的目標にさせようとくわだてていた。まさに日米構造協議は、このくわだてを実現するためのものだったのである。

最終報告では、国際収支の不均衡が改善されていけば、「効率的、開放的、かつ競争力のある市場」がもたらされ、「持続的経済成長を促し、生活の質的向上を導く」とされた。まさにレッテルの名に値する、絵にかいたような新自由主義的な主張である。

だが、どう考えてもおかしな話ではないか。「財政民主主義」ということばがあるように、そもそも、ある国の公共投資の規模や税制のありかたは、その国の立法府で決められるべきものである。それなのに、アメリカ政府は、他国の民主主義に口をはさんだばかりか、取引の「慣行」、いわば文化的なありかたにも変更をせまった。大店法を改正した結果、日本の地域経済が急速な衰退にくるしむこととなったのはみなさんもご存じのことだろう。

さらにつけくわえれば、この最終報告は論理的にもねじれていた。

というのも、市場機能を活用しようとする一方で、内需主導型成長をうたい、そのために空前の規模の公共投資の実施をするという提案になっているからである。市場原理主義にたちながら、財政にはさらなる出動を要請するのは、フリードマン的な意味でも、ハーヴェイ的な意味でも、明らかに新自由主義思想からの逸脱である。

アメリカ政府の最大の目的は、あくまでも経常収支の改善だった。「規制緩和による小さな政府、新自由主義」を標ぼうしながら、「財政的に大きな政府をもとめる」という論理的な矛盾があっても、彼らにはなんの問題もなかった。これは理屈ではなく、政治だったのである。

内政干渉を利用した日本の政治

このように、外圧を通りこした、内政干渉を正当化する道具として、新自由主義的な政策はねじこまれた。ただし、前章の終わりでも指摘したが、これを一方的な圧力ととらえるだけでは不十分である。その「内政干渉」を利用しようとする国内の政治勢力、あるいはそれを正当化するような経済状況があったこともまた、事実だったたからだ。

アメリカ政府の介入を批判する声だけなら、日米構造協議のずっと以前から経済界にあった。

だが、第1章で論じたように、国際収支の黒字を輸出の自己規制で減らそうとした「我慢と協調」路線にたいして、規制緩和と民間活力でこれに立ちむかった「新しい成長」路線の台頭があった。「新しい成長」路線は経済界の主流の座をしめるようになっていくが、彼らにとって日米構造協議の議論、アメリカからの圧力はまさに追い風にほかならなかった。

また、経済界の個別利益に目をむけても、内政干渉を利用しようとするうごきはあった。

地方への出店拡大をのぞんでいた日本チェーンストア協会は、「夜型になった消費者の生活様式や女性就業者の増大に流通業界が対応するのに大店法は障害になる」と政府に規制緩和の要望をおこなっていた（1988年6月24日付朝日新聞朝刊）。

そして、最終報告が提出された年、ダイエーの中内㓛（1922〜2005）が経団連の副会長に就任し、そこに設置された行政改革推進委員会の委員長をつとめ、大店法の段階的廃止を政府に要望した。大店法の改正は、アメリカだけの利益ではなかったのである。

公共投資基本計画についても同じことがいえる。最終報告には、生活関連の公共投資を増やすことがもとめられた。それは、公園、住宅、上下水道の3点セットを担当していた建設省（現国土交通省）、選挙区に事業を誘導したい族議員、そして、株価の急激な下落を心配し景気対策をうったえた経済界の思惑が一致した結果でもあった。

とりわけ、経団連は、『二一世紀に向けた社会資本形成のあり方に関する提言』（1992年）

のなかで、430兆円の公共投資額を「真の豊かさの実現と安定的経済成長の維持という二大目標を達成するには最低限の額」といいきっていた。単純に計算すれば毎年度43兆円という規模の事業であるが、当時の一般会計予算が70兆円程度だったことを思えば、そのスケールは相当なものといわざるをえない。

「増税なき財政再建」をもとめていた経済界のすがたは、もはや過去のものとなった。規制緩和であれ、内需拡大であれ、日本国内にはそれらを待望する利害関係者が確実に存在していたのである。

クリントン政権の強硬な態度

「前川レポート」のときには、増税なき財政再建がその前提にあった。公共投資を対GDP比で見れば、福田政権期をピークに大幅な減少がつづいたあと、円高不況の影響から1986年以降、やや増加に転じたものの、あきらかな抑制基調にあった。またその後のバブル経済の影響もあって、政府債務も減少に転じていた。ようするに、緊縮財政と自由化がセットだったという意味で、まさに新自由主義的な政策志向だったわけである。

だが、日米構造協議では、アメリカ政府の強い圧力と日本の経済状況がかさなりあうなかで、大きな政府と新自由主義の「不思議な共存」がはじまった。そして、この矛盾したうごきは、これ以降、さらに加速していくこととなる。

1993年1月、アメリカではビル・クリントン（1946〜）政権が誕生した。同政権の最大の課題は「経済安全保障（economic security）」ということばに象徴されるように、国内経済の建てなおしだった。とくに冷戦の終結によって、ソ連や東欧諸国の軍事的な脅威が弱まったこともあって、安全保障以上に経済政策が重要だという姿勢が明確に打ちだされていった。

日本の貿易収支および経常収支の黒字は、引きつづき重要な争点となった。アメリカではリビジョニストと呼ばれるグループが影響力を強めていた。彼らは「日本との貿易交渉や輸入促進策は効果がない。日本市場は政府規制と目に見えないネットワークのためにアクセスができないので、特別ルールをつくって政府が輸入を増やすしかない」と強気の主張をおこなっていた（『経団連くりっぷ』No.15）。

クリントン政権は、日本の経常収支の黒字を減らすため、プロセスを軽視した「結果志向（results-oriented）」のアプローチを採用し、個別の事項に数値目標を設定するよう、日本政府に強くもとめた。これを受けて、1993年7月の日米首脳会談で「日米包括経済協議（以下、包括協議）」の発足が合意された。

包括協議におけるアメリカ政府の態度は、先の構造協議とくらべても、きびしさが際だっていた。アメリカ政府は「一方的制裁主義（ユニラテラリズム）」をも辞さないかまえで協議にのぞんだ。経常収支や市場占有率にかんする数値目標の設定を日本政府にもとめ、これが期間内に達成できなかった場合は、最悪、報復措置をとることもありうると通告した。

1993年8月、自民党が結党以来はじめて野党の座に転落し、細川護熙《もりひろ》（1938〜）を首班とする連立政権が誕生した。94年2月の日米首脳会談にむけて準備がすすめられたが、アメリカからはミッキー・カンター（1939〜）通商代表、ウォルター・モンデール駐日大使らが地ならしをおこない、数値目標がまとまらなければ首脳会議が不首尾に終わるとつめより、また301条ないしスーパー301条の発動もほのめかした（細川護熙『内訟録』）。

細川は、「威嚇の下での交渉は出来ぬ相談」だと強く反対し、包括協議は決裂する。その後再開されることにはなったが、アメリカは数値目標にこだわりつづけ、日本はこれに抵抗するという対立がつづき、しだいに、相手からの譲歩を引きだすことが自己目的化していくようになった。その意味で、本来の課題である経常収支の不均衡是正という論点からは「『わき道』にそれた」交渉だった（1994年10月2日付日本経済新聞朝刊）。

とはいえ、1994年10月に電気通信や医療機器にかんする政府調達（政府が購入またはリースする物品やサービス）、板ガラス、保険については合意にたどりつき、公共投資基本計画が改定され、95年度からの10年間（のちに13年に延長）の投資額を630兆円に拡充することも閣議決定された。また、11月には、規制緩和をもとめる「年次改革要望書」がアメリカから提出され、以後、毎年これが繰りかえされることとなるなど、日本政府はさまざまな妥協を受けいれる結果となった。

経済至上主義にたった経済界

以上の議論のプロセスで注目すべきは、「前川レポート」の方向性をさらに鮮明にした「平岩レポート」が作成されたことである。

細川政権は連立政権であり、政治基盤がけっして強いものとはいえず、長期にわたって自民党政権を支えてきた経済界の協力をえられるかどうかが重要なポイントだった。

経団連は、「日米構造問題協議に関する懇談会」をもうけ、先の日米構造協議でアメリカが指摘した多くの点は、経団連が主張してきたところと同じものだと評価した。

『経団連と日本経済の50年』の著者であり、長年経団連の事務局をつとめた内田公三は、あとがきのなかでこう述べている。「フリードマンのいわゆるシカゴ学派の自由経済体制論は、いってみれば経団連に最もふさわしいイデオロギー、よりどころとなる思想」だった、と。

経済界に協力をもとめねばならなかった細川にとって、新自由主義にむかって舵をきることは、なかば避けることのできない選択だった。実際、日記でも「国民生活の質的向上を目指す規制緩和や市場開放、内需拡大など内政の変革が、即、現下のわが国外交政策の基調でもあるは論を俟たず」とされていた（前掲『内訟録』）。

１９９３年９月下旬にクリントン大統領との会談が予定されていたことから、細川は、規制緩和、円高差益還元といった経済対策を目玉に、アメリカ政府の理解をえたいと考えていた（１９９３年９月２日付朝日新聞朝刊）。また、自分たちが規制緩和や市場開放の検討をはじめていることもアピールする必要があった。

こうして、９月16日、細川は、経団連会長の平岩外四《がいし》（１９１４〜２００７）を座長とする経済改革研究会を発足させ、12月、同研究会は『経済改革について』という最終報告書を提出した。これが細川が「第二前川レポート」と表現した「平岩レポート」である。

「平岩レポート」が作成されたのは、バブル経済が崩壊し、景気停滞が長期化のきざしをみせはじめていた時期だった。そうした情勢が影響して、日米構造協議でしめされた方向性、すなわち「新自由主義による小さな政府を標ぼうしながら財政的に大きな政府を志向する」という、矛盾した政策の方向性がいっそうクッキリと打ちだされることとなった。

レポートでは、産業を発展させ、消費者の利益をまもるための「経済的規制」と、消費者や労働者の安全と健康、環境保全などのための「社会的規制」とをわけ、前者にかんして「原則自由・例外規制」とする大胆な方針を打ちだした。

また、規制緩和の効果をあげるため、勧告権と事務局を持つ「強力な第三者機関の立法化」

をもとめ、さらには、金融・資本市場の活性化をつうじて、「市場競争を強化」し、不確実でリスクは大きいが、高い収益も期待できる資金、「リスク・マネーの円滑な供給により新規事業の発展を期す」ことも明記した。

さらに注目したいのは、「柔軟な労働市場」と題して、「規制緩和の実施、産業構造の変化、経済の国際化に対応するため、参入しやすく、転職しやすい労働市場を形成する」ことにふれていた点である。これは日本型雇用システムの転換ともいうべき内容である。

まさに、「前川レポート」をはるかにしのぐ、新自由主義への急旋回だった。

だが、重要なちがいもあった。それは、「前川レポート」が経常収支の黒字削減と国際協調を最大のねらいとしていたのにたいして、「平岩レポート」は、日本経済の回復、経済成長の手段として規制緩和や金融の自由化をとらえていた点である。

すでに述べたように、大きな政府と規制緩和・市場開放とは、あきらかに矛盾した組みあわせである。だが、経済界にしてみれば、規制緩和や市場開放をつうじて経済を成長させること、そして財政出動によってさらなる経済成長をおいもとめることは、なにも矛盾していない。

ここは大事なポイントである。僕たちの経済が新自由主義に毒されたのではない。「経済成長至上主義」こそが1990年代の政府・経済界の基本スタンスだったのであり、それと新自由主義とは部分的に整合性を持つものと考えられ、だからこそ積極的に受けいれられていったのである。

傷口を広げた「平岩レポート」

内需の拡大にかんして、さらに平岩レポートを見てみよう。思いきっていえば、論理的にはほとんど収拾のつかない内容となっている。

「公共投資等の早期かつ確実な執行」「減税先行」「規制緩和の追加措置」「土地の流動化対策」「中小企業対策」を含む「景気対策」……政府の規制を弱めながら積極財政を打ちだしたわけだが、かえす刀で、重点をしぼった効率的な歳出構造をつくりだすこと、そして、将来の国民負担の増大は避けられないことなど、いわば景気刺激とは正反対の「警句」もまた書きつらねられていた。

この正反対の中身が同居した背景には、景気対策を数値目標として書きこもうとした委員の思惑、財政的に足をしばられたくない大蔵省の抵抗、公共投資の増額を最大目標としつつも、大蔵省の反発をやわらげるために国民負担の増大で妥協した通産省、それぞれの「政治力学」があった（1993年12月17日付朝日新聞朝刊）。

このような国内の政治闘争のながれをつくったのは、ここでもまた、クリントン政権からの異常なまでの内需拡大要求だった。

話は自民党が下野したときの宮沢喜一《きいち》（1919〜2007）政権期にさかのぼる。

クリントン政権誕生以前の段階から、すでに、オーリン・ウェジントン財務次官補が日本の経常黒字が1000億ドルにたっするとの予測がでていると指摘しつつ、日米構造協議でしめされた公共投資計画について「追加が必要という結論になろう」と述べていた。これと歩調をあわせるように、アメリカ政府も日本に補正予算で公共投資の大幅追加をもとめつつあった（1992年7月14日付朝日新聞夕刊）。

1993年3月に93年度の予算が成立した。だが、日本政府は、7月に開催予定の東京サミットで内需刺激努力をアピールするために、早速、公共投資の追加と減税を柱とする補正予算の作成にとりかからねばならなかった。

アメリカ政府はいっこうに追及の手をゆるめない。同政府は、前年8月にまとめられた日本の総合経済対策の効果を分析したうえで、1993年度補正予算にかんしても、その各項目を精査するよう、在日大使館の担当者に指示をだした。また、ローレンス・サマーズ（1954〜）米財務次官も「今回の対策で実際に国民所得計算のうちの公的固定資本形成がどれだけ増えるのか」と日本政府を牽制した。4月16日に日米首脳会談が予定されていたこともあって、宮沢首相は「史上最大の規模」の補正予算をその3日前にあわてて編成する羽目におちいった（1993年4月5日付日本経済新聞朝刊、4月13日付朝日新聞朝刊）。

すでにふれたように、1994年2月に細川とクリントンとのあいだで日米首脳会談が予定されていたが、追加の景気刺激策をクリントン大統領が要求するのは必至だった。

ここでの焦点は税制改正だった。日本政府は2月3日に発表した経済対策に、5兆円をこえる所得税・住民税減税を盛りこんだ。大蔵省が画策し、その財源とされたのは、消費税から名前をかえたあらたな税、国民福祉税だった。

ほとんど調整らしい調整もおこなわれずに発表されたこの新税は、各界から猛烈な批判を受け、結局、撤回をせまられることとなる。だが、宮沢のあとをおそった細川は小沢一郎に対し、「日米会談に向け既にひとり歩きし始めている6兆円の減税については今反故にする訳にはいかない」とつげていた（前掲『内訟録』）。

かなりの気の遣いようではあったが、それにもかかわらず、所得減税は1年限りの減税とされたため、クリントンは「1年限りの措置では、減税分が貯蓄に回らないか気になる」とむしろこの対応を批判した。細川は首脳会談で「日本の予算編成システムや政治状況から現状では単年度の減税措置しか約束できない」と説明したが、「大蔵省という官僚機構の振り付け通り」だと感じたクリントンは、これに反発した。

こうして、クリントンは、日米包括経済協議を継続しようという細川の提案を拒絶する。おもてむきは、客観基準にかんする日米の意見の食いちがいだと説明されたが、実際は、首相の所得税減税にかんする発言がクリントン大統領に大きな失望をもたらしたのが理由だった（1994年2月16日付日本経済新聞朝刊）。

財政の金庫番である大蔵省は、当然、減税にたいして消極的だった。しかし、包括協議において、税制改正の議論に日本側から財務官を派遣するという異例の対応をとらざるをえなかったことからもわかるように、さすがの大蔵省もアメリカの圧力を無視できなかった。小川是《ただし》主税局長のことばを借りれば、「対外的な関係は経常収支黒字、特に対米黒字で、とにかくできたてのクリントン政権がかなりこぶしを振り上げていたというのが税制改革に向けての日米関係」という状況だったのである（財務総合政策研究所「平成5年6月から同7年5月までの主税局長当時の諸問題について」）。

減税、減税、また減税

景気対策としての減税といえば、それほど大変なできごとのようには聞こえないかもしれない。だが、このときのアメリカ政府からの圧力は、日本財政にとって大きな傷あとをのこした。

1994年6月に村山富市政権が誕生し、7月8日、日米首脳会談にのぞんだ村山は、公共投資計画の投資額を増やすことにくわえ、6兆円規模の所得減税をつづけることを表明した。さらに、所得減税の財源をえるために別の増税をおこなう方針だったが、これを3年後の97年

図7　一般会計税収、歳出総額及び公債発行額の推移

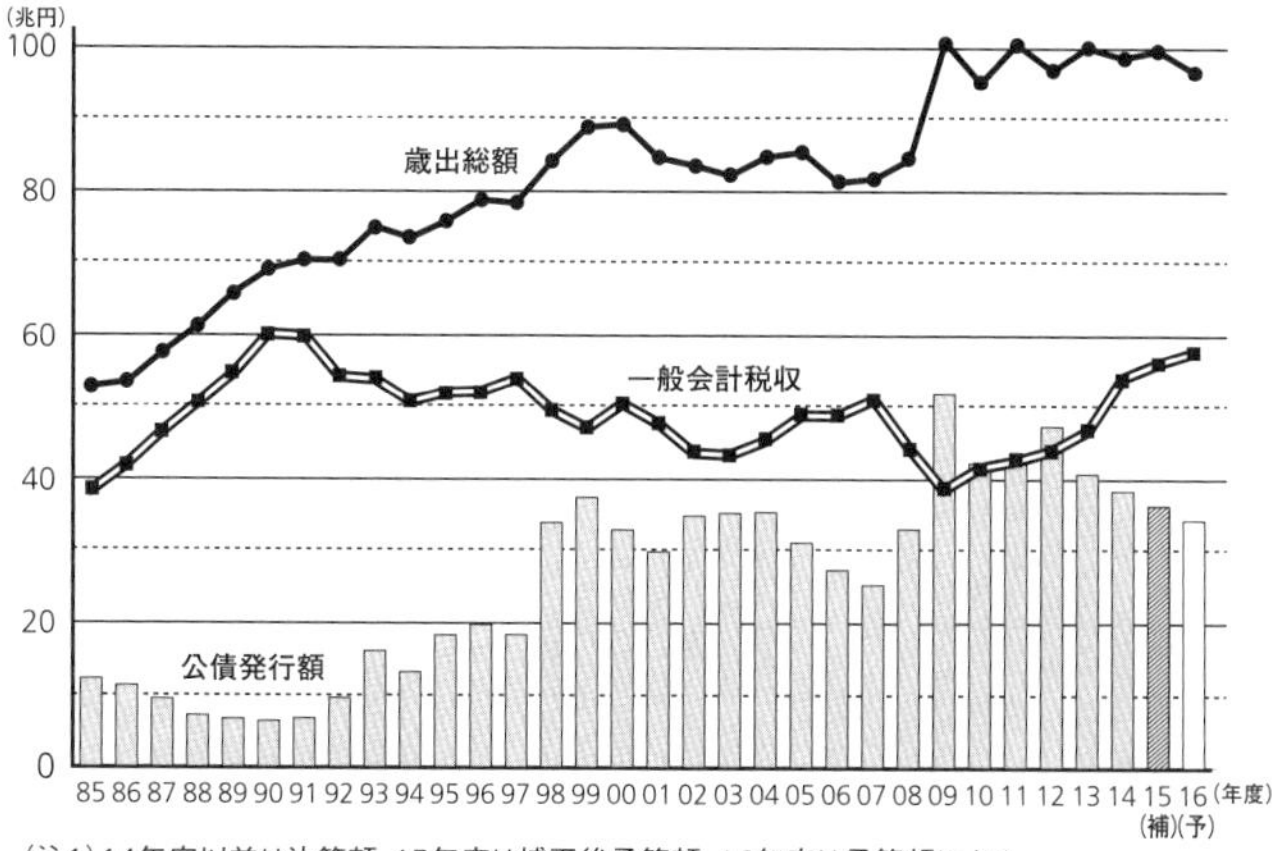

（注1）14年度以前は決算額、15年度は補正後予算額、16年度は予算額による。
（注2）公債発行額は、4条公債発行額及び特例公債発行額の合計である。　出典：財務省

度に先おくりすることもクリントン大統領につたえた。

こうして空前の大減税時代がはじまった。最初の大規模減税は細川がおこなった１９９４年度の所得税の特別減税だったが、村山は95年度にくわえ、96年度にも５・５兆円規模の所得減税にふみきった。

さらに、橋本龍太郎政権期から小渕恵三政権期にかけて、１９９８年度には、法人税率の引きさげと２度の所得税の特別減税が、99年度には法人税率の引きさげと所得税の恒久的減税がそれぞれおこなわれた。あいつぐ減税の結果、**図7**に見てとれるように、税収はみすぼらしいまでに減った。そして、その裏がえしとして空前の政府債務がつみあがることとなった。

この時期、政策は二転三転し、まさにダッチ

ロールをおこしていった。

次の章でくわしく取りあげるように、1995年に財政危機宣言がだされ、つづけて、財政構造改革が打ちだされた。これをきっかけに、郵政民営化もふくめて、のちの小泉純一郎政権の構造改革路線につながるような新自由主義的な政策が志向された。

アジア通貨危機の影響から、橋本政権期の終わりには、先に述べたような大規模減税がおこなわれた。だが、減税の内容をめぐって発言がぶれにぶれ、同政権が参院選で惨敗した。そこで、小渕政権では、ふたたび積極的な財政出動に舵を切りかえていった。こうして、日本財政は巨額の政府債務をかかえこむことになってしまう。

2000年代、いよいよ日本政府は、本格的な財政再建路線へとのりだしていく。

日米構造改革以降、一方では規制緩和を中心とした新自由主義的な政策の必要性がさけばれ、他方では、財政出動による景気刺激策がもとめられてきたわけだが、このながれを加速させたのが「平岩レポート」であり、クリントン政権の強硬な政治圧力であった。

しかし、もはや日本の財政には、バブル崩壊直後のように、空前のスケールで公共投資と減税を積みかさねる力はのこされていなかった。政府は、政策のロジック、国民への説明のしかたを根本からかえなければならなかった。

小泉純一郎（1942～）政権は、規制緩和や行政改革といった小さな政府路線を推進すること、「官から民へ」をあいことばに、市場原理と民間活力を徹底的に利用することによって、さらなる経済成長が可能になるとうったえた。ここに新自由主義をどまんなかにすえた、新自由主義へと純化した経済政策がしめされたのである。

序章でもとりあげたように、財政支出をおさえ、政府の規模を小さくすれば、所得の再分配機能は低下する。だからこそ、富裕層がゆたかになれば、低所得層もうるおうという「トリクルダウン理論」によって、これらの政策は正当化されなければならなかった。

だが、そもそも新自由主義的な政策を採用し、政府を小さくすることが経済成長を生むという科学的な証拠はない。おまけに、日本の場合、新自由主義への急旋回が日本経済の歴史的な転換期とタイミング的にかさなるという不幸もあった。

『新時代の「日本的経営」』の衝撃

1995年5月、日本経営者団体連盟（日経連）が『新時代の「日本的経営」』を発表し、労働者関係団体に衝撃をあたえた。この報告書では、企業が競争力を高めるためにコスト高の構造からどのように脱却するかが問われていた。

労働者層を（1）長期蓄積能力活用型グループ、（2）高度専門能力活用型グループ、（3）雇用柔軟型グループの3つにわけ、（2）と（3）については年金や退職金のない、有期雇用契約とすることで、労働コストを大幅に引きさげようとした。まさに日本的雇用システムの転換をもとめる報告書だった。

常務理事をつとめていた成瀬健生がふりかえっているように、日経連としては、「あくまでも雇用する方、される方の合意の上に成立するもの」と考えていた（『連合総研レポート「DIO」』、No.295）。だが、メディアは日本型雇用システムの転換ととらえ、大反響をまきおこした。

ちょうどこの時期、一貫して銀行からの借入れによって設備投資をしてきた企業が、銀行からの借入れをおさえ、借金の返済をすすめはじめていた。彼らもまた、それまでの日本的経営のありかたを再考するチャンスをうかがっていたのであった。

そして1997年から98年にかけて日本経済の大転換期がやってきた。

1997年には、アジア通貨危機や大手金融機関の経営破たんが起きた。不幸なことに、この年には消費増税がおこなわれていたから、消費の後退と輸出の急激な減少とが日本経済に打撃をあたえ、経済成長率はオイル・ショック期以来2度目となるマイナスを記録することとなった。

この危機的な経済状況がそれまでの日本的経営と『新時代の「日本的経営」』にしめされた方向性とのあいだでゆれていた日本企業の行動パターンを劇的に変化させた。

最後のトリガーはここでひかれた。1998年以降、企業は非正規雇用をはっきりと増大させていった。これを反映するように、勤労者世帯の実収入は1997年をピークに減少しはじめ、以後、世帯収入は先進国のなかで例を見ないほどの低迷をつづけている。

このころから女性の就労がさらにすすみ、共稼ぎ世帯の数が専業主婦世帯の数を完全にうわまわるようになった。だが、女性の就労はかなりの割合が非正規雇用だった。世帯あたりの就労者数が増えたにもかかわらず、男性労働者の所得減がひびき、世帯収入は減少をつづけたのであった。

このような日本経済の転換点、全般的な所得の低下傾向が鮮明になっていくプロセスで、新自由主義的な、格差の拡大を避けられなくする政策が動員されていったわけである。

皮肉なことに、日本経済の退潮とともに、アメリカからの圧力はやわらいでいった。クリントン政権の後半、アメリカ経済は空前の好景気にわいた。不況の消滅がうたわれた「ニューエコノミー」論があらわれる状況のもと、対日批判をおこなう必要性が弱まっていたのである。

国際政治の前提が変化していくなか、財政状態がきわめて悪化したことによって、政治の全面におどりでたのが財務省の緊縮財政路線だった。政府のムダや非効率性を説き、規制緩和による行政のスリム化と財政の縮小とをむすびつける。そして小さな政府が経済成長の原動力だと国民を説得し、歳出削減のいたみを心理的にやわらげる。

新自由主義は経済成長の道具から格好の歳出削減の道具へとすがたをかえていった。ただし、それは財務省の思惑がすべてを決定したのではなかった。新自由主義はあたかも「万能薬」であるかのごとく、人びとにひろく受けいれられていくこととなる。

第3章　新自由主義の何が問題なのか？

「5月に前任者から引き継いだ時、驚きました。米びつが空っぽで、その上『やりくり算段』をして、先送りをすることでやっと特例公債ゼロという予算を組んでいました。しかし、そのやりくりももはや限界に来ていました」

これは1995年5月に大蔵省の主計局長に就任した小村《こむら》武の回顧である（財務総合政策研究所「平成7年5月から同9年7月までの主計局長当時の諸問題」）。

日本では国債を赤字国債と建設国債にわけて考える。たんなる借金である赤字国債（特例公債）と、道路や交通機関、施設などをつくるための財源となり、返済のための資産がのこる建設国債とをわけ、伝統的に前者は不健全な借金とみなされてきた。バブル期の好調な税収にささえられ、政府は赤字国債の発行を1991年度からやめていた。だがいよいよ赤字国債に頼らなければやっていけない時代がおとずれたのだ。

正確にいうと、1994年度からはじめられた所得税の減税の穴をうめるため、減税特例国債という国債がすでに発行されていた。これはまぎれもない赤字国債だった。だが大蔵省は、減税が終われば借金は解消されること、97年4月に消費税率の引きあげが決定されていて返済のメドがたっていること、通常赤字国債の償還は60年だがこの国債を20年としたことなどを理由に、「歯止めのない特例公債とは異なるもの」（財政制度審議会）と位置づけていた。財源があろうとなかろうと借金は借金なのだから、いささかくるしい説明というほかない。

「やりくり算段」と小村が述べたように、現実の財政運営でもきびしい状況がつづいていた。政府は、借金返済のために毎年度一定割合で資金をつみたてることを慣習としていたが、これを停止する措置を取ってしのいだり、旧国鉄や地方自治体の借金の肩がわり分について、その元本を返済せずにすませたりと、つじつまをあわせながら赤字国債の発行をなんとか避けてきた。小村は、こうしたくるしい状況に終止符をうつことを決意したわけである。

彼が主計局長に就任したとき、当時の大蔵大臣であった武村正義と相談し、1995年11月「平成八年度の財政事情について」を公表した。このなかで96年度予算では赤字国債の発行が避けられないことが明言され、きわめて深刻な日本の財政事情がうったえられた。これを受けてマスコミはいっせいに「財政危機宣言」と報じた。

武村は大蔵大臣をやめたのち、「このままでは国が滅ぶ」という「中央公論」（1996年7月号）の論考のなかで、次のように回顧している。

「記者会見を終わって、大蔵大臣室に帰ってきたときに、秘書官に『本当は財政破綻宣言だよね』と私はいった」「政府は中央も地方も放っておけばどんどん大きくなっていく。民主政治の宿命なのかもしれない。したがって、たえず政府の機構や人員や予算歳出を小さくするための努力が必要である」

いまの予算を見ると、赤字国債が毎年度20〜30兆円規模で発行されている。発行が再開されたくらいでそこまで深刻に受けとめなくても、という気がしなくもない。だが、1980年代には、「増税なき財政再建」の名のもとに必死に財政健全化にとりくんだ官僚たちからしてみれば、赤字国債の発行再開は危機感をいだくに十分なできごとだった。

1996年2月になると財政構造改革特別部会が大蔵省の財政制度審議会のなかに設置され、これ以降、「財政構造改革」ということばがメディアに定着するようになる。そして97年12月には「財政構造改革の推進に関する特別措置法（財革法）」が施行されて、政府は緊縮財政へと本格的に足を踏みだしていった。

財革法では、2003年度までに、国と地方の財政赤字をGDPの3％以下におさえること、社会保障や公共事業などそれぞれの予算に上限（いわゆるキャップ）をもうけること、国と地方の税収に社会保険負担等をくわえた国民負担率を国民所得の50％をうわまわらないようにすることがしめされた。つまり、税の負担を増やすことなく、支出を減らすことによって財政再建をめざす方針が明確に打ちだされたわけである。

最悪だったタイミング

しかし、この決断をおこなったタイミングは、先にもふれたように、最悪だった。1997年はまさに経済危機の年だった。7月にタイのバーツが暴落したことをきっかけとしてアジア通貨危機がおこり、また、11月には北海道拓殖銀行、山一證券といった大手金融機関が経営破たんした。大手金融機関の破たんは戦後はじめての大事件だった。

緊縮財政と経済危機という最悪のくみあわせである。大蔵省の内部では「財務官・国際金融局からは、このままではとてもじゃないけれども、何かしないと国際的にももたないぞ」という話がでてきていた。とはいえ、財革法が通過したすぐあとの状況だったから、考えられるのは1回限りの特別減税しかなかった。彼らはその決断をし、なんとかこの特別減税を通した。だが予算委員会をひらいている最中に次から次へと経済の停滞、悪化を知らせる数字がとびこんでくるというありさまだった（財務総合政策研究所「平成9年7月から同11年7月までの主計局長当時の諸問題」）。

ときの首相だった橋本龍太郎は1998年4月9日に大型減税を表明する。この段階ですでに、財革法を修正せざるをえないことは自明だった。さらに世論も支出にキャップをはめた状況では景気回復はとてもムリだと批判を強めていた。こうして98年5月の財革法改正時に「弾力条項」がもりこまれ、赤字国債の発行が容認されることとなった。

参議院選挙の直前の7月、橋本は特別減税とはことなる恒久減税をおこなうことを発表した。しかし、財政構造改革路線に未練のあった橋本は、不況がふかまるなか、減税を「恒久化」するのか、「恒久的」なものとするのかで発言をぶれさせてしまう。結果、支持率を落としてしまい、参院選で大敗を喫して退陣を余儀なくされたことは、すでに述べた通りである。

つづく小渕恵三政権は、緊縮財政が選挙での大敗をまねいたとの反省から大規模な財政出動にのりだした。1998年12月「財政構造改革の推進に関する特別措置法の停止に関する法律」が施行され、財革法はその大部分を停止することとなった。

小渕政権期（1998~2000）には急激に政府債務が増えていったが、このことは当然のことながら、政府に、そして省庁再編で大蔵省から名称がかわった財務省に、いっそう強い危機感をもたらした。

当時、主計局長だった武藤敏郎は、小渕の心境の変化を指摘する。「おれは世界一の借金王なんて言われているけど、そのくらいのことはわかっている。財政再建はそろそろ大事だよなというようなことをしみじみと言われたわけです。小渕総理はその後1週間か2週間で病に倒れてしまった」。武藤は、今後の支出削減の主要分野が社会保障と地方財政になること、財政再建のためには、このふたつの分野にきりこまなければならないことを確信していた（財務総合政策研究所「平成11年7月から同12年6月までの主計局長当時の諸問題について」）。

この2領域は、それまでまさに「聖域」だった。財務省はいよいよ腹をくくった。こうして、森喜朗《よしろう》政権期（2000〜2001）に発足し、小泉純一郎政権の主戦場となった経済財政諮問会議を舞台に、財政健全化路線が押しだされていく。いよいよ緊縮財政の時代がやってきたのである。

おしよせる都市の利害と政治の変化

新自由主義が全面化したことで知られる小泉政権期（2001〜2006）の財政運営を見ていると気づかされることがある。それは、道路公団や郵政の民営化、公共事業の大幅な切りさげ、三位一体改革など、この時期におこなわれた施策は、都市に住む人びとの利害とみごとに調和していたということだ。

都市化と無党派層の拡大、そして彼らの不満が緊縮財政と共鳴しあっていたこと、新自由主義が日本社会に根をはっていく過程を考えるうえで、これらはとても重要な変化である。

図8を見ながら、日本の人口移動の歴史をおいかけてみよう。戦後は、じつは公共事業が増えると都市部への移動がおさまり、反対に公共事業が減ると、都市部への移動が活発になると

図8 三大都市および東京圏の人口が総人口にしめる割合

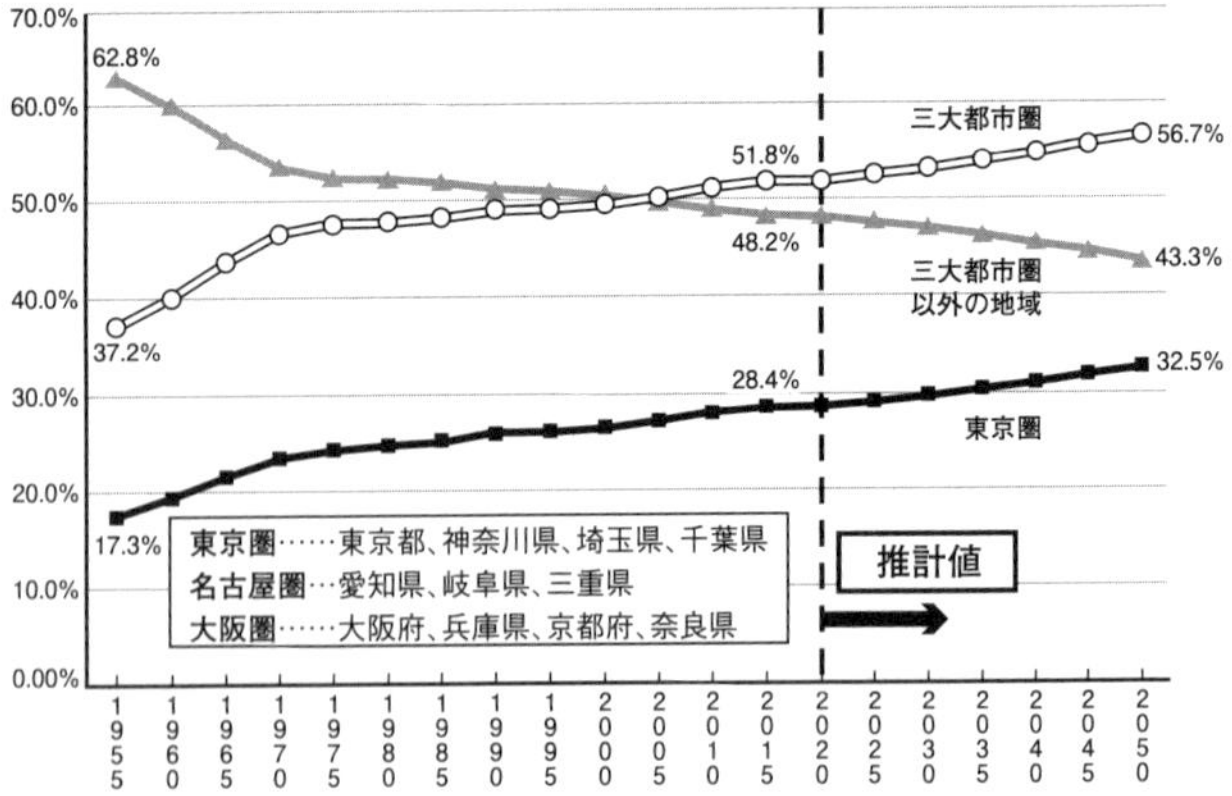

出典:総務省市町村課

いう循環を繰りかえしていた。

ようは、地方に雇用があれば人びとはとどまり、雇用がなくなれば都市部、とりわけ東京に移動したということだ。そして、1990年代から2000年代というのは、三大都市圏の人口とそれ以外の地域の人口が接近し、逆転していくプロセスだった。

都市化が決定的にすすんでいくのと同じ時期に起きたのが、無党派（＝支持なし）層の増大であった。時事通信社の世論調査を見てみると、1960年代には無党派層は全体の1割くらいにすぎなかったが、1970年代から90年代初頭にかけて2割から3割をしめるようになり、これが、90年代に急速に増加し、なかば以降は5割ちかくにたっするようになった。

都市化と無党派層の拡大がすすんでいくと、政党の主張や政治のありかたにもおおきな変化があらわれた。自民党による地方への利益誘導型政治を批判する層の受けざらとなった都市型政党、民主党の登場である。

民主党は1996年に結党された。出発時点でしめされた基本理念はリベラル色が強く、「小さな中央政府・国会」と「大きな権限をもった効率的な地方政府」を提案しつつも、「経済成長至上主義」を批判して、「共生型・資源循環型の市場経済」を打ちだしていた。

ところが最大野党だった新進党の解党をへて、1998年に再結成された新しい民主党では、綱領のなかに「市場原理を徹底する」ことがはっきりと書きこまれた。そのうえで「中央政府の役割をスリム化し、外交・防衛、司法などのルール設定・監視、年金をはじめとするナショナル・ミニマムの確保など、国家と国民生活の根幹に係る分野に限定する」ことが明確にかかげられた。

民主党の登場に呼応するかのように、同じようなうごきが自民党でも強まっていた。行政改革の第一人者を自負していた橋本龍太郎は、1995年の自民党総裁選で、対抗馬の小泉純一郎が郵政民営化を目玉としたこともてつだって、行革を公約の柱にすえた。そして、村山富一内閣の総辞職を受け、約2年半ぶりに自民党総裁を首班とする橋本政権が誕生したが、橋本は施政方針演説のなかで、徹底的な規制緩和と行革の断行をうったえた。

都市無党派層の影響力が強まり、冷戦型の保革対立の枠組みを政治がのりこえようとしたとき、彼らはこぞって「小さな政府」「市場原理主義」「規制緩和」「行政改革」といった新自由主義をめざそうと競いあった。それは、切りさげを競いあうという意味で、「底辺への競争(race to the bottom)」にほかならなかった。

小泉政権と新自由主義

これらの変化は財務省から見ればありがたい変化だった。小渕政権期の反動はあったものの、財政危機宣言をだし、社会保障や地方財政という聖域にまできりこんで財政健全化にのりだそうと覚悟を決めていた彼らにとって、「小さな政府」「市場原理主義」「行政改革」といったフレーズは、支出を削減するうえでまたとないメッセージとなったからである。

小泉政権期に新自由主義的な政策理念が改革路線のどまんなかにすえられたのは、このような文脈のもとだった。

支出をけずるための政治闘争がはじまった。議論の争点はだれがムダづかいをしているかだ。そして、その標的としてねらいをさだめられたのが自民党の既得権、族議員政治とふかくむすびついていた地方むけの利益だった(大嶽秀夫『小泉純一郎 ポピュリズムの研究』)。

道路公団の民営化を見てみよう。土建業が地域経済の一端をにない、重要な票田であった当時、高速道路は地方への利益誘導の目玉であり、新自由主義的な行革をかかげる「改革派知事」ですらその熱心な推進論者だった。

将来の需要予測からして赤字になることがわかりきっている高速道路を、さらに建設しようというわけだ。おまけに、道路公団には200をこえるファミリー企業があり、これが天くだり官僚の利益ともむすびついていた。これらに改革のメスをいれようというのだから、都市無党派層にしてみれば溜飲のさがる改革だった。

郵政民営化も同じである。特定郵便局長という特権が代々受けつがれ、地域の政治や経済にかなりの影響力を持ってきたことにきびしい批判がくわえられた。また、郵便局は、地方のすみずみまで組織を持ち、高コスト体質であること、郵便貯金を財源とする政府の投融資が地方にむけられ、これが民間の金融機関の仕事と競合していることも問題とされた。郵政民営化もまた、まさに地方の利益をターゲットにした政治改革だった。

さらには公共事業もやり玉にあげられた。「ハコモノ」批判に象徴されるように、公共事業が地方へのバラマキだという主張は、すでに私たちになじみのあるものだろう。1990年代に急激に増えていった公共投資の対GDP比は、先進国のなかでも突出した規模となったが、この数字は小泉政権期にはいってハッキリと減少することとなった。

特筆すべきは、三位一体改革である。この改革では、地方への税源移譲、つまり国税から地方税への移譲が3兆円おこなわれたが、あわせて地方交付税と補助金が9兆円以上削減されることとなった。予算をくめない地方自治体が続出する「地財ショック」が起き、現場は大混乱におちいったが、地方交付税や補助金をもらっているのが財政力の弱い自治体であることを思えば、これもまた地方たたきの一環だったことはあきらかなことだった。

なぜ都市無党派層は新自由主義を支持したのか

このように、地方の利益や既得権にメスをいれるべきだという主張は、2000年代にひろく、ふかく浸透した。支出をけずりたい財務省、行革を目標にかかげ、人件費削減に乗りだそうとしていた経済界が新自由主義を支持したのは理解できる。だが、この地方を血祭りにあげるかのような主張が、かくも都市無党派層の心をつかんだのはどうしてなのだろう。

1990年代は社会保障へのニーズが質的にも、量的にも変化した時代だった。

ひとつには高齢者の生活保障が問題となった。とりわけ、地価が高く、子どもとの同居がむつかしい都市部の高齢者の生活と、反対に、子どもが都市にでていった地方の高齢者の生活をどのように維持していくのかが問われた。医療や介護、そしてひとりで生きていくための金銭的な土台である年金への関心はいきおい強まらざるをえなかったのである。

それだけではない。女性の社会進出がこれにかさなった。女性の社会進出は1990年代以前からはじまっていたが、90年代になると、それまで家族、とくに専業主婦が満たしてきた介護、子育てといったサービスへのニーズをどうするかが社会的な問題となった。いわば、人びとの生活保障への関心が必然的に高まらざるをえない状況が生まれていたのである。

こうした変化はデータでも確認できる。内閣府の「国民生活に関する世論調査」に「今後、政府に対して、力を入れてほしいと思うこと」をたずねた設問がある。

1990年代をつうじていえることは、「医療・福祉・年金の充実」や「高齢者・障害者介護など福祉の充実」が高い支持を受けているということである。70、80年代を見てみると、「物価対策」や「税の問題」への関心が高かったから、社会保障や高齢化対策へ、つまり生活の保障へと人びとの関心がおおきくシフトしたことはあきらかだった。

人びとの目には「地方へのバラマキ」とうつる公共事業が、空前のスケールで実施されたのはこのような状況下だった。むろん、公共事業が景気対策として実施されるかぎりは、都市無党派層もまだ政策を受けいれる余地はあったし、1990年代のように繰りかえし所得税が減税されていれば、地方むけの支出とのバランスも保つことができた。

だが、都市部の公共事業は飽和状態にちかづいた。また、橋本政権期には勤労者の世帯収入が減りはじめ、小渕政権期を最後に減税も打ちどめとなった。景気対策を死にものぐるいでやったのに日本経済はいきおいを取りもどせない。当然、公共事業への不信感も強まっていった。

自分たちの生活ニーズがほったらかしにされた都市無党派層は、「既得権者」である地方部への怒りをつのらせていた。この時期に、橋本の行革路線と競いあうようにして民主党の政策の方向性が新自由主義化したことにはそれなりの理由があったのである。

財務省は地方への不満が強まるこの状況をたくみに利用した。財政事情が悪化しているうえ、2000年から介護保険法が施行される状況である。だまっていても高齢化とともに社会保障費は増えていく。社会保障の自然増をうめるためには、公共投資や地方への補助金、そして公務員の人件費を減らすしかない。地方むけ支出の削減を歓迎する都市無党派層のうごきは、財政再建をめざす財務省にとってわたりに船だったのである。

緊縮財政の号砲が鳴りひびき、政府とメディア、そして都市無党派層が一体となって公共事業への猛烈な批判をはじめた。官から民へというメッセージを繰りかえすことで経済成長への期待をいだかせる。地方部のムダをあばき、これへの利益をきりとることで、都市無党派層からの共感をかちとる。道路公団と郵政、ふたつの民営化も、まさにこうした政治状況を背景としていたからこそ可能だったのであった。

民営化であれ、財政支出の削減であれ、ようは政府がみずからの非効率性をみとめ、みずからをきりきざみ、すて身で有権者の関心をひこうとする、いわば「敗北主義の政治」である。

同時に、不正やムダづかいの犯人を特定し、それを袋だたきにする政治が合理性を持つ。所得減にくるしみ、将来不安を強めつつあった都市住民の不満ときびしい財政事情とがかさなりあうことで、「利益の分配」から「痛みの分配」へと大きく政治課題はかわっていった。そして、この激動の時代にあって、政府、経済界、都市無党派層の利害の均衡点としてフル回転することとなったのが新自由主義イデオロギーだったのである。

論理ではなく願望をかたる政府

問題は支出の削減にとどまらなかった。このころ、アジア通貨危機や大手金融機関の破たんが経済を減退させていた。社会保障への人びとのニーズは引きつづき強かったが、一方で、景気対策への関心もまた高まりつつあった。

とはいえ、財政事情がきびしくなっていたから、これまでのように公共事業や減税をつうじて景気を刺激することはむつかしい。かといって、事態をほったらかしにしておくわけにもいかない。政府は苦肉の策でこの困難に立ちむかっていった。

2001年3月、日本銀行は量的緩和政策への転換を打ちだした。民間の銀行は日銀のなかに当座勘定と呼ばれる預金口座を持っている。量的緩和政策とは、「金利」を政策目標とせず、この当座勘定の預金残高を増減させることで、「通貨量」をコントロールする政策である。日銀は毎月買いいれる国債の額を段階的に引きあげ、インフレ率が安定的にゼロ以上になることを目標とする大胆な金融緩和政策を選んでいった。

日銀が保有する国債の額は急激にふくらんでいったものの、物価の上昇率は当初想定された水準になかなかたっしなかった。だが、大量の資金が市場に供給されたことで円安がすすみ、中国経済の高い経済成長率にも支えられて、輸出がのび、景気をあと押しした。

もうひとつ注目しておきたいのは、人びとを説得する「ロジック」をたくみに組みかえたことである。小泉政権では、政府を小さくすれば経済成長がもたらされることが繰りかえし強調された。小泉政権における「経済財政運営と構造改革に関する基本方針２００６（いわゆる骨太の方針２００６）」に書かれた以下の文は印象的である。

「『健全で活力ある経済』あってこその『財政健全化』であり、『安全・安心かつ柔軟で多様な社会の構築』である。他方、財政健全化は最大の成長政策の一つともなり、また、安全・安心に裏打ちされた活力ある社会なくして成長力強化もない。……すなわち、経済と財政を一体的にとらえて改革を進めていくことによって、『成長力強化と財政健全化が相互に響きあい、強めあう好循環』を実現していくことが必要である」

ここでは、「健全で活力ある経済」あってこその「財政健全化」であり、また「財政健全化」こそが「最大の成長政策」のひとつとなりうると述べられている。たしかに経済が成長すれば、所得が増え、税収が増えるから、財政の健全化につながるだろう。だが、なぜ財政の健全化が経済を成長させる最大の政策のひとつ、といいきれるのだろうか。

答えらしきものをさがすと「財政の持続可能性に対する疑念の高まりが経済成長自体を阻害するおそれもある」という文にでくわす。もってまわったようないいかただが、ようは、将来の財政破たんリスクが成長をさまたげるか、も、し、れ、な、いということにすぎないというわけである。

だがリスクが成長にとってマイナス要因だからといって、リスクをなくせば成長にプラスの影響があたえられることにはならない。つまり、破たんリスクをなくせば成長率がそこなわれないというのは、本来の成長率を保てるというかぎりではただしいが、「最大の成長政策」とするのはあきらかにいいすぎである。

ここでしめされていたのは「論理」ではない。「願望」だったのである。

所得「逆」再分配を生んだ金融政策

金融政策への依存と新自由主義的な説得のロジック、これらはまさにこの時期の経済政策の車の両輪だった。小泉政権を支えた竹中平蔵は回顧のなかでこう述べている。

「日本経済の発展と国民生活を考えると、増税を極力抑えながら財政健全化を実現しなければならない。その意味で、今後国民が注目すべきは、政府・日銀の措置により、適切な名目成長を実現する方向に日本が進んでいるのか否かである」（竹中平蔵『構造改革の真実』）

だが、ここには重大な落とし穴があった。というのも、空前の金融緩和、新自由主義的な政策運営、いずれにしても所得格差の増大を避けられなくするからである。

２００７年３月、当時の福井俊彦日銀総裁は、１９９１年から２００５年のあいだに、金利がおおきく下がったことによって国民は３３１兆円の利子収入をうしなったと参議院の財政金融委員会で証言した。

では、このきえた預金の利子収入はどこにいったのだろう。

答えは企業部門と中高所得層である。利子収入の減少は低所得層もふくめたすべての人びとの収入の減少につながる。一般的にいえば、高い利子をつけられない低金利の時代には、銀行は貸しだおれのリスクが大きい低所得層や中小企業にお金を貸すことをきらう。それゆえ、この層は利子収入をうしなうだけで、借入れ面では、あまりメリットを受けられない。

一方、金利がさがって得をするのは、きわめて低いコストで設備投資などの資金を調達できる大企業、株や不動産などの投資のために借入れをおこなう富裕層、そして住宅ローンの借入れをおこなえる中高所得層である。つまり、量的緩和政策は、巨大な所得「逆」再分配をおこ

図9　政府規模と所得格差の関係

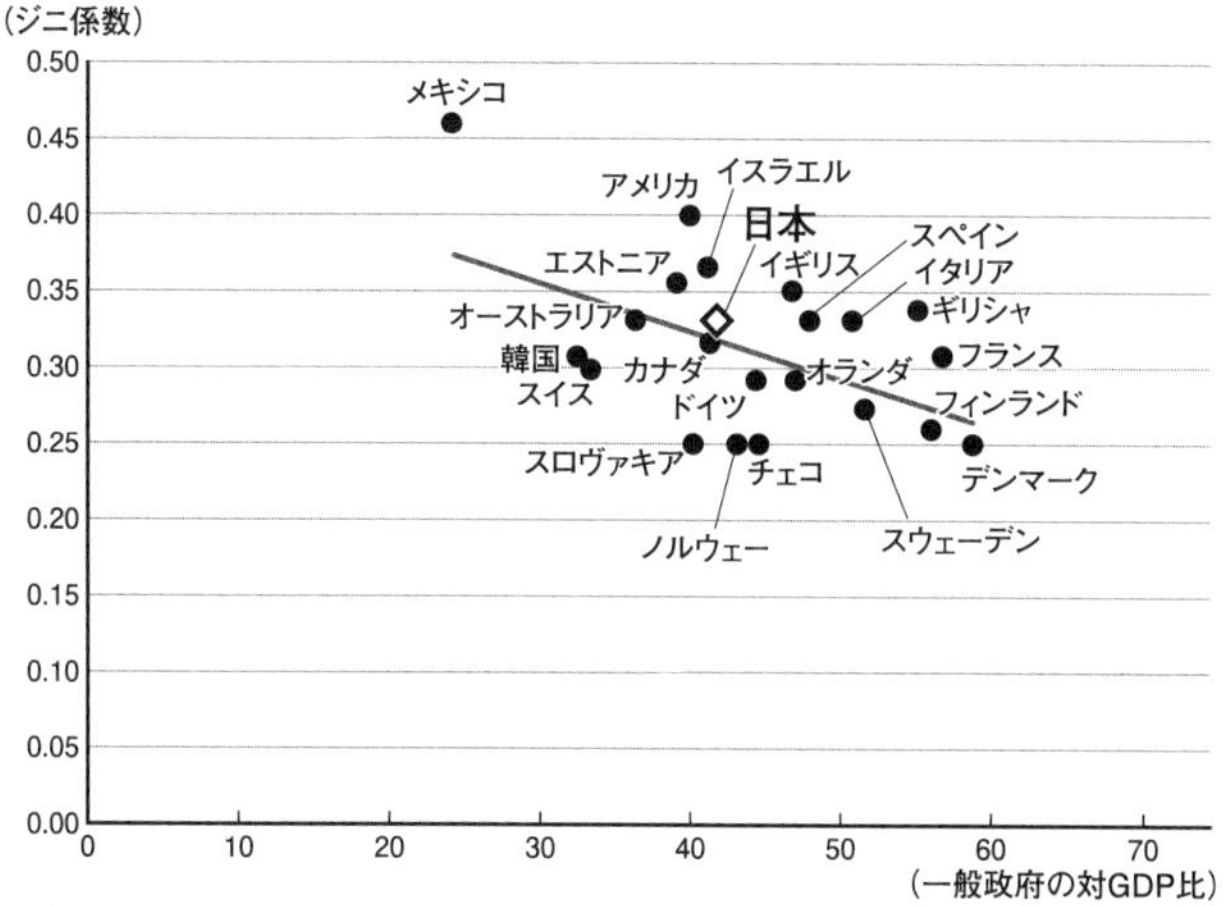

OECD Stat.より作成　注：格差の大きさをしめすジニ係数は2012年のもの。
データは欠損から13年のものを用いた国がある

しかねないのである。

次に、小さな政府と所得格差の関係についても見てみよう。

序章でも指摘したように、財政は、給付と税の両面で再分配の機能をはたしている。支出面で小さな政府ということは、政府からの生活保障がよわく、それぞれの人びとが自己責任で生活を維持していかなければならない社会を生む。

反対に、先進各国の税制が大小の差こそあれ格差是正効果を持っている以上、課税面で小さな政府をめざせば、所得をかせいだ段階での所得格差をそのまま放置することにつながる。政府規模を小さくするということは、給付、課税の両面で所得格差を広げてしまうのである。

ここで前ページの図9を見てみよう。これは政府の規模と所得格差の関係を統計的に見たものである。同図からわかるのは、政府の小ささと所得格差の小ささとのあいだに負の相関があること、つまり、政府が小さくなれば統計的には所得格差が広がりうるということである。

小泉政権期では「トリクルダウン理論」が強調され、成長すれば所得が増え、富はかならず低所得層にもしたたりおちるとされた。だが現実には、格差を拡大させるためのアクセルが猛烈ないきおいでふかされていたわけだ。小泉政権の末期に格差社会論がひろまり、その後、年越し派遣村などの「反貧困」運動が人びとの注目をあつめたのは当然の結果だったのである。

「新自由主義」でだれが得をしたのか

小さな政府、市場原理主義、行政改革といった新自由主義的な政策は、都市無党派層、財務省、経済界など各主体の主張や利害の微妙な均衡のうえになりたっていた。その意味では、小泉政権期の政策を「新自由主義的だ」といって批判するのはハッキリいえば皮相的だ。

新自由主義が受けいれられたのは、それが人びとの政治的利益を最大公約数的にたばねるものだったからだ。そして、これをいちはやく察知し、現実の政治にとりこんだのが小泉政権だった。その意味では、小泉政権はまさに「民意」をつかんでいたのであり、だからこそ圧倒的な支持をえることに成功したのである。

だが、この「民意」ということばには気をつけなければならない。もし、選挙の最中に選挙制度そのものをかえたり、あるいはダークホース的な第3の候補者があらわれたりしたとしよう。選挙結果は、当然、変わるだろう（坂井豊貴「多数決」井手英策ほか『大人のための社会科』）。だれがえらばれるかによってかわりうる民意——そもそも、民意とはあるものなのだろうか、それともつくりあげられるものなのだろうか。

ここでひとつの例をあげよう。

民意を調べる方法として世論調査がある。そこで内閣府の「国民生活に関する世論調査」をもう一度見てみると、興味ぶかい事実がうかびあがってくる。

じつは2001年の調査から質問項目にかんして大幅な変更がおこなわれている。まず、「政府に対する要望について」の選択肢のなかに「行政改革」や「財政構造改革」というそれまでにない項目がつけくわえられた。また、「医療・福祉・年金の充実」という項目が「医療・年金等の社会保障構造改革」に変更された。

行革や財政再建を質問にふくめることで、小さな政府への志向、人々の関心を調査方法に反映したものという見かたができる。だが、ややひねくれた見かたをすれば、小さな政府への国民の支持を目にみえるようにし、財政再建という政治目的のために回答を利用しようとしているのかもしれない。

また、社会保障の「充実」を「削減」と紙一重である「構造改革」に置きかえたことも微妙である。国民には構造改革が富をもたらすと説明しつつも、本音は、世論調査を支出削減や自分たちの政策の正当化材料としてもちいようとしたのかもしれない。

新自由主義的な政策が多くの人びとの共感を呼んだことはたしかである。だが、実際の政府の説明を冷静にふりかえってみると、よくわからない点が多い。

小さな政府と経済成長の関係は何を根拠にかたられたのだろう。規制緩和によって外資が流入し、つかのまのバブルを楽しんだあとに、経済危機におちいった国はある。だが、規制緩和によってイノベーション(技術革新)が起き、一国全体の経済成長率を劇的に高めた事例は、はたしてあったのだろうか。むしろ、環境問題のように、規制の強化がイノベーション、そして経済成長を生みだすことだって、当然、ありうるはずだ。

政府を小さくすれば所得格差は大きくなる。だが、トリクルダウン理論を信じた人たちは、いかなる理由をもとに格差の縮小を主張したのだろう。経済が成長すれば、富裕層がゆたかになり、低所得層のくらしもまたすくわれるのであれば、なぜ先進国の人たちは、高い成長率を実現していたあのしあわせな時代に福祉国家の建設にまい進したのだろうか。

アメリカの経済学者ロバート・ライシュ(1946〜)はこう指摘している。自由市場などというものは、地球上のどこを探しても存在しない。規制緩和によって自由な市場をめざすという主張は幻想にすぎない。規制緩和とはあくまでもルールの変更なのであって、そうすることによって得をする人たちがいるだけなのだ、と（ロバート・ライシュ『最後の資本主義』）。

僕たちはなにを経験したのか。

規制緩和、行政改革、自由化、小さな政府を追求する新自由主義は、痛みをだれに押しつけるのかをあらそい、だれが不正をおこない、だれが不当な利益を得ているのかを血眼になって探すような政治を生んだのではないだろうか。

このやりかたは、当時の政権への支持を高めることには貢献したが、人びとの疑心暗鬼に火をつけ、他者へのぬぐいがたい不信感を植えつけたのではないだろうか。

企業の収益は増えたが、人件費も世帯収入も減少をつづけ、所得の格差も目に見えておおきくなった。都市無党派層もふくめ、小泉改革によっていったいだれが幸福になったのか、きちんと検証すべきである。

だが、本当に重要な問いは、その先にある。政府を小さくすれば社会はよくなるという願望、あえていえば多くの不幸を生みかねない思想が人びとにひろく受けいれられる土壌が多くの国に、そして僕たちの社会に存在しているということだ。新自由主義を闇雲に批判することではこの問題は解決しない。いやそれどころか、また同じように人間の自由をかたりながら、さらなる不幸がもたらされる可能性すらある。

僕たちはいま、この土壌をどのようにつくりかえていくべきかを、問いかえすときに来ているのである。

第4章　「経済」を誤解した新自由主義の人びと

「経済＝お金もうけ」ではない

新自由主義とは、経済的な自由こそが社会を繁栄させるという考えかただった。だがそもそもの話として、ここでいわれる「経済」とはなにをさすのだろう。

当たり前に使われている経済ということば、これを辞書で見てみると「金銭のやりくり」というおなじみの定義と同時に、「人間の生活に必要な財貨・サービスを生産・分配・消費する活動。また、それらを通じて形成される社会関係」と書かれている。

たんにお金や財をやりとりするだけではない。それをつうじて形成される社会の関係までをふくめて経済なんだという指摘、みなさんにはどうきこえているだろうか。

こうした経済の見かたに影響をあたえた思想家はたくさんいるが、僕にとってもっとも明快で、示唆にとむ説明をあたえてくれたのが、経済人類学者カール・ポランニー（1886〜1964）である（カール・ポランニー『大転換』『人間の経済Ⅰ』）。

ポランニーは、人間が自然にたよらなければ生きていけないことから話をときおこす。自然との調和のなかで、欲求を満たすための物質的な手段を提供するプロセスに注目し、そのプロセスの全体を経済として定義した。

ここで考えてみよう。そもそも僕たちはなぜ「経済」的な活動をおこなうのだろう。

現代の基準からすると、飢えたくないから、得をしたいから、お金もうけをしたいから……、ただちにそう考えるかもしれない。たしかにそういう人間もいる。しかし、ポランニーは、経済をめぐる一連の行動は、こんにちでいう経済的な性質を持たないさまざまな状況、つまり「社会」の価値のなかにうめこまれていたという。

かつて修道僧は宗教的な理由から取引をおこなっていた。そして修道施設は、ヨーロッパで最大の交易拠点となった。日常では使用しない装飾品を交換するトロブリアンド諸島のクラ交易では、目的は美の追求だったし、北アメリカのクワキウトル族は威信と名誉がそれぞれ取引をおこなう理由だった。

飢えを満たすことや損得だけではなく、その社会で尊ばれる価値を実現しようとする欲求を満たすための物質的手段に注目し、その手段で欲求を満たすプロセスが生みだすもの、これを経済とポランニーは位置づけたのである。

説明をつづけよう。経済は以下の3つの「統合」の原理に支配されているという。

（1）互酬：ある条件を満たしたときにおこなわれる、上下の区別のない、対称的な集団からの財・サービスの移動

（2）再分配：集団のなかで財・サービスを中心に一手にあつめ、それを法や習慣、中央の決定によって構成員に分配しなおすこと

（3）交換：利得をめざしておこなわれる、個人間・集団間での財・サービスの移動

互酬と再分配についてはもう少し説明が必要だろう。

たとえば、トロブリアンド諸島では、家族は父ではなく、母かたの親戚が面倒をみていた。自分たちのつくった作物のなかでいちばんよいところを親戚の家族にわたす。みごとな作物をつくりあげた功績、自分ではなく、自分の親族をやしなった功績、この「りっぱな行為」にたいする名声こそが男の欲するものだった。財のみかえりをもとめるのではなかったのである。ただし、この名声をえた男の妻と子どもたちには、じつは同じく名声をもとめる妻の親戚からの贈与によって作物が提供されている。ある条件にしたがって、水平的な財・サービスの移動が起きる、以上のような相互扶助の関係を互酬と呼ぶ。

再分配についてはさまざまなレベルがある。もっとも素朴なレベルでは、狩猟によってえられた獲物を族長に手わたし、くばりなおすことを考えてみよう。狩猟の結果は努力の差ももちろんあるが、どうしてもそのときどきの運不運によって獲物の量にムラがでてくる。

ここがポイントである。だからこそ、獲物を族長にわたし、これをくばりなおし、ときには貯蔵を増やし、ときには不運なものにあたえることで、長期的な個と共同体のバランスを保っていたのである。もちろん、のちの時代には、財やサービスをあつめるものが権力を持ち、そ

こに恣意性がはいりこんでくることとなるが、それでも構成員への分配はとだえることはなかった。

以上ではいずれも財の移動があるわけだが、それらはいずれも個の生存とともに、共同体の「秩序」と深くむすびついていた。反対にいえば、これらのない経済は、「万人の万人にたいする闘争」をまねいただろう。歴史的に見れば、経済とはたんなる交換、金銭的な欲望の実現をさすのではなかった。物質をつうじて互酬によって名声などの欲求を満たしたり、再分配によってメンバーに共同の欲求を満たしたりしながら、「それらを通じて形成される社会関係」の全体をさすもの、それこそが経済なのである。

なぜ人間は支えあうのか?

交換にくわえて、こんにちのことばでいえば、相互扶助にちかい互酬、義務的な負担、政府からの払いもどしである再分配もふくめて経済だ——こういうと、飢えからのがれ、お金もうけをおこなうといった経済のイメージからはなれるように感じるかもしれない。

だがこの定義は、すこし歴史を振りかえって考えれば、僕たちの感覚にしっくりくるはずだ。日本の近世を見てみよう。田うえや稲かり、水や道路の管理、屋根のふきかえはもちろん、財産をまもるための消防や自警、寺子屋などの初等教育、介護など、すべてコミュニティの内部の共同作業でまかなわれてきた。これらは互酬であるが、人間の生きる、くらすという欲求を満たすために財やサービスを提供していたという意味で、まさに「経済」活動だ。

あるいは、村に倉をつくり、凶作や飢饉のときにそなえてもみ米をたくわえるしくみ、すなわち「備荒《びこう》貯蓄」も同じである。これは、将来にそなえて財を一手にあつめ、危機のときにメンバーに分配する再分配のしくみであるが、ようは、これも生きるという欲求を満たすための物質的な手段提供＝「経済」にほかならない。

僕が、互酬や再分配といった、経済的というよりも、社会的といわれたほうがスッキリするような機能を強調するのはなぜか。それは、生き馬の目をぬくような交換、欲望と競争の世界としてだけではなく、支えあい、満たしあいの世界として経済をえがくことによって、新自由主義的な発想の視野のせまさ、限界が浮きぼりになると考えるからだ。

社会学者フェルディナント・テンニエス（1855〜1936）は、家族という共同体（＝ゲマインシャフト）に着目している。「経済」の面から見ると、家族とは、まさに「共同労働と共同享楽のゲマインシャフト」、つまり、痛みとよろこびをわかちあう結合体にほかならない（テンニエス『ゲマインシャフトとゲゼルシャフト』）。

家族のメンバーは、飲食という呼吸のように繰りかえされる人間的な享楽のために、分業または共同の労働によって生産し、えられた財をメンバーにくばる。ともにはたらき、みなにくばるという互酬、再分配的な関係が支配する家族にあって、「交換」はその本質とあきらかに矛盾した原理でさえある。

家と家が共同で住む村も同じである。人びとがちかくに住むようになると、田畑を共有しあうようになり、あるいはたんに田畑がちかくにあるという理由だけで、人びとの接触の機会が増えていく。そして、おたがいが慣れ、知りあうようになり、共同の労働、秩序、管理が必然的にもとめられるようになる。祝福をもたらす土や水の神々にめぐみを乞う「共同の祈願」もまた必然となる。ここでも秩序をつくり、空間を支配するのは、互酬や再分配の原理である。

注目すべきは、こうして生まれた共同体のなかでは、不平等がゆきすぎないように、一定の限界がもうけられることである。というのも、自力で生きていける強い力を持つものにとっては、全体とつながることが意味を持たなくなり、力のないものにとっては、決定に参加することができず、全体とのつながりが非現実的になるからである。不平等がすすめば、共同体が共同体である理由をうしなってしまうのである。

僕たちには「生きる」「くらす」という共通の欲求、別言すれば必要（ニーズ）がある。だからこそ、メンバーどうしで共通のニーズを満たさねばならず、そのために家族や村落のような共同体がもとめられ、ともに生きるためのルールが形成され、不平等もおさえられた。こうした「秩序形成のメカニズム」を抜きに経済をうごかせば、当然のことながら社会を不安定化させずにはおかない。この点にこそ、新自由主義の決定的なあやまりが存在しているのである。

経済の時代のはじまり

市場経済が急激な広がりをみせ、市場や交換の論理、あえて言えば、「欲望の経済」が人間の「生」のありかたそのものを決定づけた時代がおとずれた。16世紀から現代にいたるこの時代を「経済の時代」と呼ぶとすれば、市場社会が中心にあるそんな時代でさえ、互酬や再分配なくしては社会の秩序は保ちえなかった。

それ以前の時代では、人びとは自給自足でくらしを成りたたせていた。ほとんどの人たちが、コミュニティで生まれ、そだち、くらし、自給自足をおこないながらあらたな家族をつくり、生まれた場所で死んでいった。

中世ヨーロッパにあって、僕たちが考えるような統一された市場、経済は存在しておらず、貨幣でさえ、宗教的な価値のなかにうめこまれていた（ジャック・ル＝ゴフ『中世と貨幣』）。

貨幣は取引の道具ではなかった。むしろわけあたえるための手段だった。中世をつうじて、貨幣は神への「愛徳（カリタス）」をしめすための手段であり、また、神からの愛をしめすために教会にあつめられた貨幣は神の愛徳をしめす「ほどこし」にもちいられた。

貨幣は交換の手段ではない――おどろくような話であるが、その貨幣が僕たちの知るそれへとすがたをかえる最初の一撃となったのが、16世紀に新大陸からヨーロッパに大量にながれこんだ「貴金属」だった。

それじたいが価値を持つ金属貨幣は、高い信用をえて、交換手段として広がりをみせていったが、そのことは、局地的にしか存在しなかった市場を、より統一された全国市場へと発展させた。同時に、市場の統一がすすめば、もちろんその手段である貨幣の統一もすすむ。そして17世紀のはじめころには、とうとう証券取引所が設立されるようになる。

統一された市場と貨幣の広がり。お金はしだいに交換のための手段へと変化し、人びとのくらしもまた、市場経済での取引のなかに組みこまれていくようになる。

イギリスを例にこのうごきを見てみよう。

毛織物産業の発達とともに、羊毛の価格がつりあげられていたイギリスでは、15世紀の終わりから16世紀にかけて、第一次囲いこみ運動がおこなわれていた。地主は農地を囲いこみ、そこではたらいていた人たちを追いだし、農場を牧場へとかえていった。この時点ではまだ限定的ではあったものの、人びとは少しずつコミュニティからはなれ、仕事をもとめて、都市へとながれこんでいくようになった。

18世紀の終わりから19世紀にかけて、農業革命やナポレオン戦争による穀物価格の上昇を受け、ふたたび農地を囲いこみ、収益を目的とした大農場での穀物生産をおこなううごきが広がっていった。いわゆる第二次囲いこみ運動である。この結果、都市への人口移動、そしてコミュニティの解体はいよいよ色こくなっていった。

1665年、ロンドンでペストが発生し、大勢の死者がでたことによって、労働者の賃金がはねあがっていった。このことはロンドンへの人口流入を加速させた。また、雇用環境の変化は、労働者を技術やエネルギーに置きかえるうごきを強めずにはおかなかった。安価だった石炭を利用した技術革新がすすむなか、18世紀なかばに産業革命が起きる。これをきっかけとして大量生産の時代がおとずれ、人びとのくらしは市場経済のなかに急速に巻きこまれていった（ロバート・アレン『世界史のなかの産業革命』）。

戦争と病気が生みだした近代国家

以上のコミュニティが解体されていくプロセスは、人間の生存が危機にさらされていくプロセスともかさなっていた。

16世紀の中頃から17世紀にかけてヨーロッパでは宗教戦争が起きた。16世紀には48回、17世紀には235回、そして18世紀には785回もの大規模な戦争が起きたといわれている（Quincy Wright, *A Study of War*）。

あいつぐ戦争は、お金でやとう傭兵軍から訓練された常備軍へと軍隊のありようを根底からかえていった。常備軍をかかえこんだことによって、国家の軍事費は急増した。そして、その財源をまかなうための租税負担が急速に増えていった。

ふたたびイギリスを見てみると、1688年の名誉革命以降、イギリスもまた戦争のうずに巻きこまれていった。1670年代に税収が国民所得にしめる割合は、3・5%にすぎなかったが、スペイン継承戦争の終了時（1714年）には9%に、アメリカ独立戦争期（1775～83年）には11～12%へと増大した。また、これにあわせて、歳入関係の部局ではたらく役人の数は全体のなかでもっとも大きなのびをしめしていった（ジョン・ブリュア『財政＝軍事国家の衝撃』）。

もうひとつの命の危機、それは、まずしい人たちが都市にあつまるようになって広がっていった伝染病だった（エリック・ジョーンズ『ヨーロッパの奇跡』）。

ここでも国家のはたす役割は大きくなっていった。ペストなどの伝染病が問題となるにつれ、検疫をおこない、保菌者や保菌物を管理する役割がしだいに国家へと吸いあげられていたからである。18世紀にはほぼ国家がこうした役割をになうようになっていたが、同時に、この時期には、公衆衛生の観点から国家が上下水道の建設もすすめるようになっていた。

以上のように、コミュニティが解体するのと歩調をあわせるように、人びとの命やくらしとかかわる領域をひきとるかたちで「近代国家」と「財政」が形成されていった。

都市への人口移動がすすみつつあった17世紀の初頭、イギリスでは「救貧法」が制定され、生活難にくるしむ人たちの救済のしくみがととのえられた。さらに、18世紀になると、街路の清掃や舗装、照明、消防用のポンプの設置といったぐあいに、地方自治体の担当する業務も急速に広がっていく。また、こうした国家的なプロジェクトを遂行する「国民」という単位、共通の概念を浸透させるために義務教育制度もととのえられていった。

こうして、経済の時代には、市場経済の広がりとともに、国家とその経済活動である財政が重要性を高めていった。別言すれば、市場経済の広がりがコミュニティを衰弱させていったが、生産＝生活共同体のなかでになわれていた互酬や再分配の機能を吸収するかたちで財政が巨大化していったのである。

一言つけくわえておけば、国王の財務管理という意味での財政は、それ以前の時代にもあった。だが、統一的な貨幣が人びとのくらしのなかにゆきわたり、この貨幣をつうじて税をおさめ、共通のニーズを満たすようになったという意味で、財政は新しいよそおいをえたのである。

変化はそれだけではなかった。さまざまな行政サービスを国家が引きとるようになっていけば、どのようなサービスを提供するのか、財源をどこからあつめるのかを議論する場をつくらねばならない。近代的な議会制度が市場経済の拡大とあゆみをそろえて整備されていったのもまた、けっして偶然ではなかった。

議会政治の母国ともいわれたイギリスでは、名誉革命以降、議会はつねにひらかれるようになり、会期はながくなり、立法活動も激増した。政策立案機関としての議会がそれ以前とくらべてはるかに重要なものになるのと同時に、多数の圧力団体や利害代表集団が生まれ、政治的な主張が新聞紙上をにぎわせるようになっていくのもこのころの話である（前掲『財政＝軍事国家の衝撃』）。

共同行為としての財政

アリストテレスは『政治学』のはじめで次のように述べている。

「国家はいずれも、われわれの見るところ、一つの共同体であり、共同体はいずれも何かよきこと（福利）のために出来ている」

あるいは大隈重信の次のことばも興味深い。

「代議政治に於ては人民共同の福利を企図するの手段方法の如き、自由に公明に討論するを以て最大必要の条件となし、私人の感情若くは情義に至っては、之を一擲《いってき》して国家共通の幸福利益を冷静に商量するを以て本義と為さざるべからず」（『開国五十年史』）

生きる、くらすためにつくられた共同体のなかで、その統一性、一体性を保つために、互酬や再分配のしくみがととのえられてきた。16世紀以降、市場経済化のうごきが強まっていくにつれ、共同体の弱体化があらたな問題を生みだしていた。そして、「経済」の一部である互酬や再分配の機能を吸いあげながら、またお金の広がりとともに、物納から金納へと税のすがたをかえながら、すべての人たちに共通する必要（ニーズ）を満たすためにかたちづくられてきたのが、近代国家であり、その「経済」活動である財政だった。

「経済の時代」では、農業を営んでいた人びとが都市にながれ、「生活の場」と「生産の場」が分離する。ニーズは、メンバーどうしによる「共同行為」ではなく、「個人の責任」とされ、はたらいてかせぐ賃金によって自己責任で満たされるようになる。共同に行為するための場所の意味も、必要性も、以前より格段にうすれることとなる。

共同行為の少ない社会とは、自己責任の社会であり、きわめて不安定な社会となる。たとえば、自分が病気になったりけがをしたりすれば、はたらくことができなくなる。失業し、賃金をうしなってしまえば、だれもが一瞬で生活の危機に直面することとなる。

だからこそ、人間は新しい互酬と再分配の場をつくりださなければならなかった。それこそが「保障の場」であり、主体としての政府、手段としての財政だった。

とても重要なポイントなのであらためて確認しておきたい。

そもそも「経済」は3つの統合のかたちを持っていたが、「経済の時代」には、「交換」を原理とする市場経済が人びとの生のありかたを決めるようになった。一方、生きる、くらすという「ニーズ」から自由にはなりえない人間は、市場経済の膨張とあわせて、「互酬」や「再分配」という経済のなかの「支えあい」や「満たしあい」の領域、つまり「ともに生きる」ための領域をつくりかえ、お金による税を財源とする「財政」をあみだした。

財政の出発点、それは、「生きる、くらすというメンバーに共通のニーズ」のために、人びとが「税といういたみをわかちあったこと」だった。財政はそのはじまりからして、人びとの共通利益をみんなで満たしあうという「共同行為」だったのである。

実際、身近な政府である地方自治体の提供するサービスを見てみると、このことはよくわかる。初等教育、警察、消防、介護、上下水道、（巨大なものは国が担当するが）道路や河川の管理……自治体が提供しているのは、いずれもコミュニティの内部でそのメンバー自身が汗をかきながら、メンバー全員に提供しあってきたものばかりである。

「自己責任」と「共通のニーズ」のアンバランス

むろん、「経済の時代」に財政がつくりだされたのだとはいっても、そのなかにはさまざまなバリエーションがありうる。ここでは、日本の財政の特徴について簡単に見てみよう。

江戸時代から、日本では「勤労」と「倹約」の美徳が重んじられてきた。そして現代の日本社会でも、自分で働き、倹約して貯蓄をし、そのお金で教育や医療、老後の生活をまかなう。こうした「自己責任」の発想がしぶとく居すわりつづけている。

みなさんは「恤救《じゅっきゅう》規則」をご存じだろうか。1874年に制定された、こんにちでいう生活保護法のはしりのようなものである。

規則のはじめでは、血縁や地縁をつうじた相互扶助こそが救済の基本だということが明言され、70歳以上で障がいがあったり、長期の病にくるしむもの、13歳以下の孤児など、救済の対象がきわめてせまくしぼりこまれていた。あくまでも原則は自己責任と相互扶助なのであり、政府に支援をもとめることはつつしまれるべきだとみなされていた。

こうした傾向は大正期になってもかわらなかった。内務省で社会行政にかかわっていた窪田静太郎は、「救貧制度は国民の独立自助の精神を堕落せしめるものとして一般に非常に恐れ、殆ど之を忌避するとも言ふべき位であつた」と振りかえっている（窪田静太郎「救護法実施に際し本邦救済事業制度の過去を憶ふ」）。

こうした国民の認識から政治家は自由でありえない。ひろく国民から愛された高橋是清《これきよ》も、同じ時期に次のように述べている。「国民に独立の精神と自助の意思を高めさすことを忘れてはならぬ……いたづらに救ふといふやうな方途に出たならば、国民は寄生物になつてしまふ」。救済は寄生物を生むとは、なんとも強いものいいである（高橋是清『経済論』）。

救済が精神的な堕落とむすびつくという見かたは、戦後も頻繁にあらわれる。

敗戦とともに、新しい憲法の草案を策定すべく、日本政府は「憲法問題調査委員会」を設置した。この調査委員会のなかで、ある委員は「働かざるものは食ふべからず式の考へであり、従つて働きたる者は生存権を保障せられねばならぬといふ考へ」だと発言している。

憲法25条にさだめられた「生存権」は基本的人権のひとつであり、すべてのひとに保障されるべきものである。日本国憲法の27条には「勤労の権利と義務」がさだめられているが、生存という普遍的な権利さえ、勤労という義務をはたした人たちの特権だと考えられていた。

自己責任をおもんじる道徳観は、日本の福祉国家のありようにまで影響をおよぼした。

国民皆年金、皆保険が実施されたときの首相であった池田勇人《はやと》（1899〜1965）は、「生活困窮者の救済とか、結核病床を増すというような、いわゆる福祉行政に国費を注ぐこと」よりも、「景気、不景気の波を小さくして、高度の雇用を持続させ、国民経済を安定した状態におくこと」のほうが重要だと考えていた（池田勇人『均衡財政』）。

そこで、戦争によって破壊された道徳や秩序を回復するために、勤労した人に税をかえす所得減税、まずしい人たちを救うのではなく、勤労の能率と生産性を高めるための公共事業で雇

図10　先進国における個人向け政府支出の内訳（2013年）

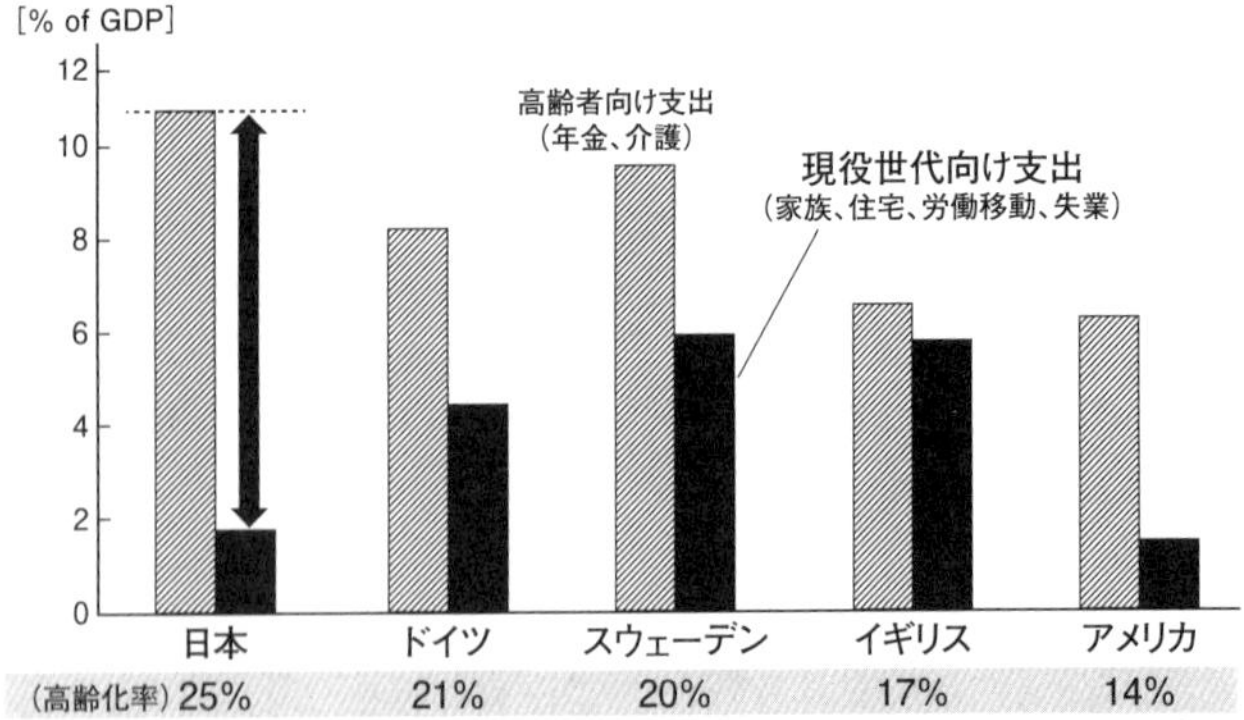

出典:OECD“Social Expenditure”“Labor Force Statistics”から作成

用をつくりだすことを政策の柱にすえた。これを反対からみれば、子育てや教育、医療、介護といったくらしていくうえで必要なサービスは、自己責任でお金をかせぎ、倹約して、たくわえ、そなえなければならない、ということをしめしていた。

読者のみなさんにも考えてもらいたい。子どもを塾にいかせる、大学にいかせる、病気になったときや老後のそなえ、どれもこれも自分の貯蓄でまかなっているのではないだろうか。**図10**を見てほしい。いかに日本の社会保障が現役世代にとって貧弱なものかわかるだろう。

こうしたフレームのもとでは、男性労働者の収入が決定的に重要になる。というのも、男性労働者がたおれれば、一家のくらしが成りたたなくなるからだ。

だからこそ、年金や医療、失業保険など、男性がはたらけなくなるリスクへのそなえとして社会保険制度がととのえられた。同時に、教育や子育て、介護や障がい者への福祉といったサービスは、家族（より正確には専業主婦）やコミュニティ、さらには家族主義的に編まれた企業福祉がかわりの役割をはたした。財政＝政府を小さくし、基本はあくまでも「勤労」と「自己責任」、「互酬」と「再分配」は財政だけではなく、社会全体でこれを補完する「勤労国家」はこうしてできあがったのである（井手英策『幸福の増税論』）。

オイル・ショックが起き、高度経済成長期は安定成長期へとかわっていった。池田の秘書官をへて政治家になった大平正芳は、若かりしころ、こう述べていた。「社会化は国民の活力を阻むものであってはいけない。遊んでいても喰える、病気になった責任も回避できるということになれば、これは確かに天国に違いないが、然しそれ丈に国民の活力と自己責任感が減退することになる」、と（大平正芳『財政つれづれ草』）。

近世以来の勤労や道徳を重んじる自己責任の思想は、戦後にも連綿と受けつがれていった。そして、「共通のニーズ」でさえ「自己責任」で満たすというアンバランス、あえていえば、財政の支えあい、満たしあいの原理からの「逸脱」にこそ、日本財政の特質があるのである。

新自由主義の抱え込んだ矛盾

財政とはそもそもなにか。市場経済を肥大化させ、財政を切りつめるとどうなるのか。１９８０年代に広がりをみせ、90年代の後半に日本で全面化していった新自由主義思想をふりかえったとき、そのえもいわれぬ「すわりのわるさ」を感じる理由の一端があきらかになったのではないだろうか。

新自由主義といわれる思想のどこが問題なのか。所得格差を広げるからか。市場経済を不安定化させるからか。金の計算が世をおおいつくすからか。むろんこれらへの批判的なまなざしは大切ではある。だが問題の本質はもっと根深いところにある。あえていおう。僕がいま感じているのは、人間が人類史の前提すら無視しはじめていることへの不安だ。

「経済の時代」は、交換の原理の広がりとともに、互酬や再分配の再編を必要とした。市場経済が社会の中心に居すわったからこそ、人間は財政システムを生みだし、秩序をまもるための原動力としてきた。だが、新自由主義的な政策を支持する人びとは、この事実を完全に無視し、人間の歴史や社会のなりたちとはさかさまの政策をためらいもなく主張したのである。

彼らは、自由をあいことばとしながら、保障の領域から国家にしりぞくようもとめ、規制緩和、民営化をとおして実体としても政府を切りきざもうとしてきた。それは新しい自由主義などではない。歴史をかえりみない、素朴で単純きわまった自由主義でしかない。

だが「経済」とは、本質的に互酬や再分配による統合の原理をあわせ持って、はじめてなりたつものだ。だからこそ、人類史のなかではじめて交換が支配的になった経済の時代でさえ、その内側に互酬と再分配をくみあわせた支えあい、満たしあいのしくみである財政を用意せねばならなかった。欲望の経済と財政のバランスをくずせば、社会の福利が増大するという主張は、僕の知るかぎり、いかなる歴史的事実にももとづいていない。

もう少し正確に言おう。たしかに、19世紀の自由主義の時代にはレッセフェールがうたわれ、自由貿易を推進すべしという議論がはばをきかせたことは事実だ。

だが、その旗ふり役だったイギリスは、政府が植民地にたいして財政負担をおしつけることでうわべの「小さな政府」を成りたたせていたにすぎない（金子勝『市場と制度の政治経済学』）。また、自由貿易を推進するために関税の大胆な引きさげがおこなわれた一方で、一度廃止された所得税が復活され、廃案がもとめられつつも、結局、同税はこんにちまで生きのこった。

なによりも注目したいのは、財政のすがたがかわったことである。**図11**にあるように、19世紀の100年のあいだに軍事一辺倒から財政の構図がだいぶかわっている。データ上の制約から1800年の状況は確認できないが、地方財政までくわえると、交通や福祉を中心に、1900年には生活むけの支出のほうが軍事費よりも大きくなっている。市場経済の広がりと財政の発展とは車の両輪だったのである。

市場経済と財政のバランス――とりわけその重要性は危機の時代にあらわれる。

第一次世界大戦の荒波をのりこえた1920年代、各国は金本位制度への回帰をめざしていった。この制度のもとでは、金の保有量がその国の通貨の発行量、つまり財政の大きさを決める。

図11　財政の構図の変化

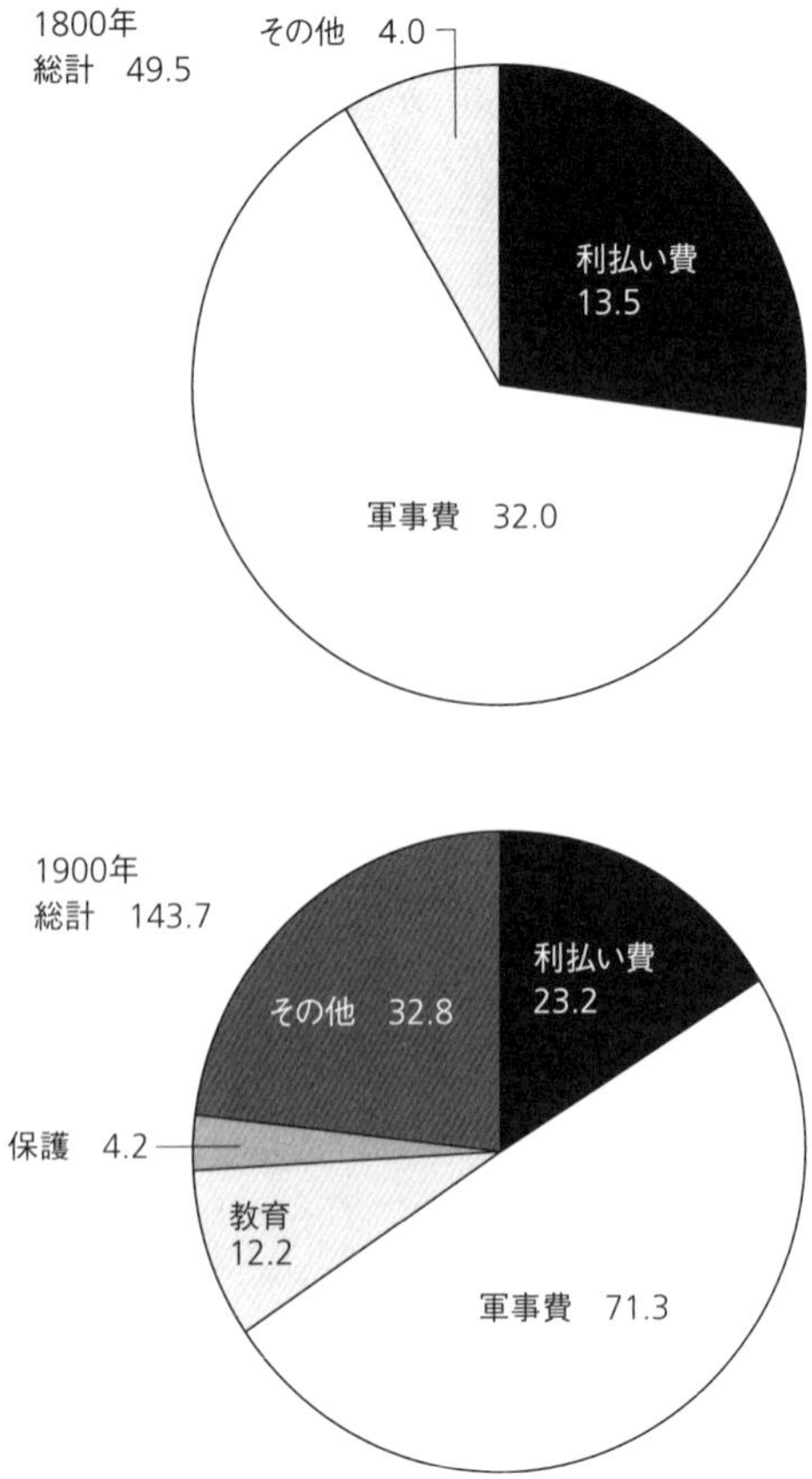

注：単位は100万ポンド
出典：https://www.ukpublicspending.co.ukのデータにもとづく

第一次世界大戦後、大きくふくらんだ財政にたいして、各国ははどめをかけようと必死だった。

これにたいして、資本は信用取引だから、かならずしも通貨の発行量にはしばられない。ようするに、1920年代の後半には自由貿易が急速に拡大し、市場経済のボリュームが大きくなっていったが、財政規模はかえられないというジレンマがあったわけだ。

そのさなかで起きたのが世界大恐慌だった。1930年代にはいると主要先進国は次々と金本位制度から離脱し、通貨の自由な発行が可能となる管理通貨制度に乗りかえていった。株価の大暴落をきっかけに生まれた社会の不安定化にたいして、財政をふくらませることで「交換」と「互酬」「再分配」のバランスを回復させ、社会を安定させたのである。

政府が積極的に経済の総需要を管理するケインズ型の福祉国家とは、通貨制度をかえることで、財政と市場経済のバランスを回復させたことに核心があった。もちろんそれとはことなる道もあった。私的所有権そのものを否定する社会主義、強制的に経済をコントロールするファシズムがそれである。

しかし、これらもまた、財の共有、社会秩序のコントロール、そして強制を土台にするという負の側面もふくめて、互酬や再分配の根底にあった家族やコミュニティの原理を拡張したものだった。危機の時代には互酬や再分配が原理的なレベルで問われることになる。そして、最終的に生きのこったのは、市場経済の生みだす弊害を財政によって取りのぞくケインズ型福祉国家だったのである。

ところが、オイル・ショック以降、ケインズ型福祉国家はその限界をあらわにする。そしてあらたな社会モデルをつくりだせなかった僕たちは、政府を小さくし、人間の自由な経済活動にまかせれば万事うまくいくという、むきだしの自由主義へと突きすすんでいくこととなる。

再考——なぜ僕たちは新自由主義に魅了されたのか?

第1章から第3章にかけて、なぜ、そしてどのように僕たちが新自由主義を受けいれてきたのかについて考えてきたが、本章で見てきた「社会の共同行為としての財政」と「自己責任をもとめる道徳的な価値」、このふたつのギャップもまた、僕たちが新自由主義に翻弄された重要な理由である。

戦後の日本は、先進国のなかでもとりわけ小さな政府を実現してきたが、それは勤労と倹約をつうじて形成された「たくわえ」ができたからこその小さな政府だった。

自己責任の社会にあって、そもそも政府を大きくし、その給付に頼って生きていくことは、道徳的に受けいれられるものではなかったし、毎年、毎年、おどろくほど所得が増えていた時代だったから、多くの人たちにとって、将来の不安などかぎられたものでしかなかった。

ところが、バブルが崩壊したあと、成長率は鈍化した。政府は減税と公共事業を繰りかえし、なんとか自己責任で生きられる環境を守ろうとした。それにもかかわらず、経済の長期停滞、デフレ化が次第に鮮明になり、政府は空前の債務をかかえこんで身うごきがとれなくなってしまった。

ケインズ的な財政出動はもはやかなわぬ夢となった。可処分所得、つまり手取りの収入が減れば、そのぶん貯蓄はむつかしくなる。将来不安におそわれた人たちにとって、税をつうじた再分配は手取りを減らすことでしかなかった。

大きな政府への道がふうじられるなか、勤労と倹約を美徳とする国民がすがったのは、まじめにはたらきさえすれば所得が増え、将来不安がなくなると思わせてくれる別の「ロジック」だった。政府をむだづかいの象徴にまつりあげ、むだをなくせば経済は成長し、人びとはゆたかになれる、そんなささやきに人びとが酔いしれたのももっともなことだったのである。

読者のみなさんもお気づきだろう。新自由主義が悪いのではない。新自由主義を受けいれるような社会的な土壌、勤労国家という自己責任の社会が新自由主義を呼びこんだのである。

ところが、いまの日本では、自己責任社会の前提じたいがくずれはじめている。

第2章での説明をもう少し掘りさげておこう。勤労者世帯の所得のピークは1997年だが、それ以降は減少の時期がつづき、いまだに97年の水準を回復できていない。また、共稼ぎ世帯は97年の949万世帯から2019年には1245万世帯に激増し、専業主婦世帯は921万世帯から575万世帯に激減した。ふたりではたらくようになったのに世帯所得はおちた。おまけに、女性がはたらくようになったから、彼女らが担当してきた子育てや介護をどのようにすべきか、深刻な社会問題となっている。

所得の減少だけではない。家計貯蓄率も1997年度の11%から2018年度の4%へさがった。高齢化がすすむと平均的な所得がさがり、マクロで見た家計貯蓄率がさがることはしかたない。だが、かつては先進国最高の貯蓄率をほこった日本にあって、それがこの水準にまでさがるというのは危機的事態だ。

企業の法定外福利費も壊滅的な状態である。企業は病院や社宅、食堂をととのえ、さまざまな面で財政の機能を補完してきた。ところが、現在では、高福祉で知られる、政府による生活保障がしっかりしているスウェーデンの製造業とくらべて、3分の1以下しか法定外福利費を負担していない（労働政策研究・研修機構『データブック国際労働比較2019』）。

さらには、地域コミュニティの崩壊も深刻化しつつある。過疎地域に指定される自治体の数は全体の5割弱、面積では6割弱におよんでいる。だが、その地域に住む人口の全体にしめる割合は、1960年の21・1%から2010年の8・9%にまで減少してしまった。しかも高齢化率も全国平均の22・8%とくらべて10%も高い（総務省『平成27年度版 過疎対策の現況』）。

このように自己責任の土台、社会に埋めこまれていた互酬や再分配の土台のいずれもがゆらぐなか、日本は空前の政府債務をかかえてしまったのだった。歴史の教訓に学ぶならば、財政システムをつくりかえ、市場経済の膨張に対抗しうるような互酬と再分配の新しい同盟関係をつくりださなければならなかったはずだ。

だが、歴史の教訓に学ぶことのない新自由主義思想が追いもとめたのは、市場経済と財政、ふたつのバランスを破壊することで経済が成長する、そうした幻想を国の内外に押しつけることだった。

僕たちはまさに歴史の転換点に立たされている。人口縮減期に片足を踏みいれ、少なからぬ人たちが「経済の時代の終わりのはじまり」を予感しつつある。

だが絶望する必要はない。僕たちは未来へのささやかではあるが、はっきりとした指針を手に入れた。「経済」をつくりかえるためのポイントは、人びとが生きる、くらすための共通のニーズを満たしあう、いわば「人間の顔をした財政改革」を「欲望の経済」に対峙させることである。

収入の多い少ないがすべてを決める時代は終わる。僕たちは、本来の「経済」のすがたに立ちかえり、満たしあいの領域、すなわち、命とくらしのための土台をもう一度つくりかえていかなければならない。それは僕たちが人間である以上、逃れることのできない、宿命づけられた課題だ。難事ではある。でも、発想さえかえられれば、なんとも愉快な時代を僕たちは生きているのかもしれない。

第5章

頼りあえる社会へ——人間の顔をした財政改革

増税の経験にとぼしかった戦後日本

財政をどのようにつくりかえるのか。この問いに答えようとすれば、絶対に避けてとおれない問題がある。だれからどのようにお金をあつめるか。そう、税の話だ。

新自由主義にもとづく政策は、かならずしも経済成長を生まなかった。事実、バブル崩壊後の日本の平均実質経済成長率はわずか1％だ。しかもリーマン・ショックによって新自由主義的な経済政策の限界があらわになった。だが、それでも政府の予算の基本方針を決める経済財政諮問会議のなかでは、いまだに競争、効率化、そして規制改革の重要性がさけばれている。

いったいなぜなのだろう。その理由のひとつは、自己責任型の財政は、人びとの生活苦が強まるなかで限られた財政のパイを奪いあうことを余儀なくするからだ。

政府債務がつみあがり、どこかの予算をけずらなければならないとすれば、ムダ遣いをしている「だれか」を探しだし、その人たちを袋だたきにするしか方法はない。これを僕は「袋だたきの政治」と呼ぶ。

1990年代の後半以降、新自由主義がふかく入りこんでくるのとときを同じくして、政府にくわえ、メディアも、ムダ遣いの犯人さがしに躍起になった。公共投資、特殊法人、公務員や議員の人件費、地方自治体への補助金、生活保護費、医療費と、次から次へとムダ遣いのレッテルを貼りかえては、支出削減を正当化していった。

効率性の名のもとに「ムダ」のレッテルを貼り、けずる。人びとに安心してもらうために規制緩和が成長を生むという幻想をばらまく。これらは新自由主義的な政策が限界をあらわそうが、あらわすまいが、財政を持続可能にするためには必要な手続きなのである。

では「奪いあい」を終わらせるにはどうすればよいのか。それは分配のパイを増やすしかない。もちろんさらに借金を増やす方法もないわけではない。この問題はあらためて第6章で検討するが、空前の政府債務をさらにふくらませることにはリスクがともなう。だから、増税をして政府支出を増やす、いわば、新自由主義とは反対の大きな政府へと舵をきるしか道はない。だがこれはハードルの高い選択肢だ。というのも、戦後の日本財政をふりかえればわかるように、とにもかくにも僕たちは「増税体験」にとぼしいからである。

いやいやちょっと待て、と読者は思うかもしれない。すでに指摘したように、１９８０年代には法人税の増税が繰りかえされたし、１９８９年には消費税が導入され、97年にはその税率が５％へと引きあげられた。

だがこれらはかならずしも租税負担を増やしたわけではなかった。

１９７４年、84年の法人増税は、所得減税の財源をひねりだすための増税だった。消費税の導入は、所得税と法人税の減税がセットになっていて全体では減税だった。97年の消費税率引きあげも94年以降つづけられた所得税減税の穴うめだった。小泉純一郎政権期には所得税の

「恒久的な」減税が停止されたが、これは増税というより、減税の期限つき停止だったし、企業の負担軽減措置もとられている。

ようするに、僕たちは、減税の財源さがしと減収の穴うめのための増税、いわば財政再建のための増税をやってきたのであって、生活保障の機能強化のための増税を経験したことがないのである。

2014年におこなわれた8％への消費増税は、その意味で1981年、82年の法人増税以来、じつに三十数年ぶりの基幹税の増税、純増税だった。

いや、この久方ぶりの増税もただでは実現していない。法案をとおしたはいいが、当時与党だった民主党は総選挙で惨敗し、高支持率をほこった第二次安倍晋三政権でさえ増税延期に追いこまれた。10％への引きあげをめぐり2017年に衆議院が解散されたが、「2019年10月に延期された増税の是非を問う」ために総選挙までおこなわなければならなかった。

財政投融資と小さな政府

どうしてこんなに日本では増税がむつかしいのだろうか。

まず予想されるのは、税の負担が重すぎる可能性だ。だがこれはまったくのあやまりだ。

2019年10月に消費税は10％へと引きあげられたが、租税負担率と社会保障負担率をあわせた国民負担率はOECD（経済協力開発機構）の平均にさえとどいていない。

問題の核心は「負担」の重さではなく、「負担感」の強さ、つまり「痛税感」にある。『国際社会調査プログラム（International Social Survey Programme）』を見てみよう。この調査によると、租税負担が重いことで知られるスカンジナヴィア3国（以下、北欧）の人たちよりも、日本の人たちのほうが「中間層の税負担」を「重い」と感じている。一方、「富裕層や低所得層の税負担」にかんしては、僕たちのほうが北欧の人たちよりも「軽い」と感じている。

つまり、日本と北欧の決定的なちがいは、「中間層の痛税感」にあるのだ。主要先進国のなかではアメリカについで国民負担率が低いにもかかわらず、高負担国家に生きる北欧の人たちよりも税の痛みを感じる日本の中間層。彼らの痛税感と租税抵抗は、いったいどうして生まれたのだろうか。

ポイントはふたつある。ひとつめは、戦後の僕たちの「財政経験」とかかわっている。

みなさんは財政投融資（以下、財投）というしくみをご存じだろうか。戦後の日本では郵便貯金や年金積立金などの資金を大蔵省の理財局資金運用部にあずけることが義務づけられ、この資金を使って政府は投資や融資をおこなってきた。これが財投である。

日本の福祉国家の原型をつくった池田勇人は、この財投をもちいて貯蓄を増やし、その資金を政府の投融資にふりむけていくことをねらっていた。税ではなく、国民のたくわえをもちいて投融資をおこなう。このアイデアは僕たちの痛税感の出発点をつくったといってもいい。

　戦後の日本では、一般会計の予算をおさえる一方で、財投をつうじて公共投資や中小企業・農家への融資がおこなわれてきた。反対にいえば、この財投のしくみがあったからこそ、政府は税負担をおさえ、小さな政府を維持することができた。

　戦後、郵便貯金の預金金利は民間銀行のそれより高く設定されていたから、人びとはきそって手元の資金を郵便貯金にあずけた。この資金をいかして、政府は地方自治体や政府系金融機関などに資金を貸しつけ、利息をつけて返済される資金をもとに、郵便貯金の預金者に利息をはらっていったのである。

　高度経済成長期から１９９０年代にいたる時期を生きた人たちは、税をはらわずともいつの間にか社会資本が整備されているという経験を持った。中小企業の経営者や農家の人たちも、政府に具体的な政策をもとめなくとも、相対的に低い金利でお金を借入れることができていたのだった。

　このように、政府の施策のためにはらう税はかぎられており、それでいて生活の基盤は自然にととのえられてきたという経験は、裏をかえせば、国民に負担をもとめなければ施策をおこなえない、無能な政府への反発を生む。とりわけ、手取りの多い、少ないが生活の安定性と直結する「勤労国家」のもとでは、増税は手取りの減少を意味するため、心理的抵抗を生む。

ヨーロッパ諸国では、高度経済成長期の豊富な税収を使って、人びとの生存や生活を保障してきた。ところが、僕たちは、租税負担率を低くおさえるかわりに、貯蓄率を高めてきた。将来の生活不安に対して自己責任でたくわえをおこなう一方、政府はこの資金をうまくもちいて投融資をおこない、小さな政府を維持しながら僕たちのくらしを支えてきたわけだ。

ここでちょっと考えてほしいことがある。

もし、財投がなかったとしたらどうなっていたのだろう。租税負担率が変わらないとすれば、政府は国債を発行して、僕たちの生活を支えたはずだ。そうすれば、予算規模は大きくなっただろう。また、財投の財源は郵便貯金だったが、国債を買うのは金融機関だから、僕たちのたくわえが財源となっている点では変わらない。ようするに、財政の大きさは変わるものの、財投で公共事業をやるのは、国債で公共事業をやるのと経済的に見ればかわらないのだ。

ここに貯蓄と税は「同じコインの裏表」という現実がうかびあがってくる。社会にはなんらかのニーズがある。このニーズを税をつうじて満たしていくのか、貯蓄をつうじて満たしていくのかというちがいである。この点はもう一度のちに触れることにしよう。

永遠に財投でやっていけるのであればそれもよいだろう。だがその前提にあるのは、経済成長である。高度経済成長期は、毎年度、自然に所得がふえ、税収・収入が増えていた。だからこそ、お金を借りる地方自治体や政府系の機関も借りたお金をちゃんとかえすことができた。

ところが、この前提はもうなりたたない。所得が増え、国の収入が自然に増える時代は終わった。民間の金融機関よりも高い金利を郵便貯金につければその差額は税でうめなければならないが、その財源はどこからくるのか。借り手は借り手で収入が増えないので返済資金にこまることも目に見えている。

しかも、財投はあくまでも貸しつけ、事業資金なのだから、これを社会保障や教育にふりむけることはできない。不十分なインフラを充実させるプロセスではよかったかもしれない。しかし、人びとが1990年代にもとめるようになった対人社会サービスには財投は使えないのである。

だからこそ、財投は2001年に抜本的に改革され、規模も3分の1程度にまで小さくなってしまっている。財務省への預託は廃止され、かわりに財投債と呼ばれる国債が発行されるようになった。さきほど指摘したように、郵便貯金のたくわえが国債を通じて金融機関のたくわえに置きかえられたわけである。

増税をつうじて自分たちのくらしを支えるという経験を持たなかった僕たちにとって、税は痛みをともなう。しかし、政府の投融資では僕たちのくらしはもう保障されえない。ここに日本財政のおかれた閉塞状況の一端をかいま見ることができる。

財政らしからぬ財政

税への反発について、もうひとつ指摘しておきたいのは、財政のあるべきすがたと社会的な公正、このふたつの原理から僕たちの財政が大きくズレてしまっているという致命的な欠陥だ。

僕たちが生きている「経済の時代」は、お金の有無が命の危機とダイレクトにむすびつく時代である。「生活の場」と「生産の場」が重なりあい、自分たちが生きていく／くらしていくためのニーズをコミュニティで満たしあっていた時代はよかった。だが、僕たちが生きているのは、もし病気やけがをして失業すれば、あるいは、障がいがあってはたらくことができなければ、命の危機が即座にやってくる不安定な時代だ。

だからこそ人間は、生活の場や生産の場をこえた新しい場、人間生活の「保障の場」をつくりだしたのだった。みんなが生きていくための支えあいのしくみ、いわば「社会の共通のニーズ」を満たすためのしくみ、それが財政だった。

少し冷静に考えれば当たり前のことではないだろうか。高級車がほしい、大きな家に住みたい、そんなだれかの私的な欲望のために税をはらってくれる人などいるはずがない。だれもが必要とするサービスだから、だれもがそれがなければ不安な給付だから、そしてみんなが税を負担しあうから、おたがいの命やくらしを保障しあうしくみは成立するのである。

だが、日本の財政システムは、この財政の保障原理から大きくズレてしまっている。

ヨーロッパを見てみよう。彼らの多くは、所得とは関係なく大学を無償化し、医療を無償化ないし低負担にし、介護や子育ても少ない自己負担でサービスを受けられる社会をつくった。これらはいわば所得の有無とは関係のうすい、みんなに「共通の利益」である。

ところが、日本の場合、きびしい所得制限が入りこみ、受益者が低所得層に限定されている。あるいは地方や特定の業界に限定されて補助が入りこみ、どれもこれもが特定の「だれかの利益」になっている。

これは、勤労と倹約の美徳を重んじ、政府のご厄介にならないこと、こまっている人だけにお金やサービスを提供してきた僕たちの社会の歴史とかかわっている。大学の授業料、医療費、介護費、幼稚園や保育園の利用料、障がい者福祉費、ほとんどがこまっている人たちだけが無料で、その他の人びとは多額の自己負担をもとめられてきたことは象徴的である。

問題なのは、この「こまっている人たち」への共感が弱まっていることだ。

敗戦直後であれば、だれもが貧困にくるしみ、生活不安をかかえていた。そんな時代なら、弱者へのまなざしは、すべての人たちへのまなざしたりえたはずだ。あるいは貧困の記憶がのこり、大多数の人びとの所得が増えつづけた時代であれば、弱者への配慮も成りたっただろうし、まずしい人たちを救済すれば、すべての人たちがしあわせになれただろう。

さらにいえば、政府がリスクを取り、債務をかかえこめた時代もしあわせだった。所得減税で勤労者の所得をおぎない、法人減税によって企業の競争力をささえ、公共事業によって低所得層に勤労の機会をあたえることのできた時代である。

だが、いまは、雇用が不安定化し、所得が増えず、貯蓄もままならない状況のなかで、財政が人びとの生活をささえきれず、多くの人たちがもがきくるしんでいる。おまけに生きるか死ぬかという、本当の貧困の記憶も僕たちからきえてしまった。そう、時代はかわったのだ。

だれに不幸をおしつけるのか

「だれかの利益」のかたまりのような財政を持つ国にあって、自分は自己責任をはたそうと必死になっているのに、無責任にも政府に頼ろうとする人たちがいる――こうした人たちへの怒りこそが、新自由主義という名の格差拡大、不幸の配分を人びとに受けいれさせた社会的な理由だった。

財政危機というおどし文句と、小さな政府が経済成長を生むという呪文とが繰りかえされ、財政を切りきざむための闘争がはじまった。小さな政府のなかで助けられてきた社会的弱者は既得権者へとうつり、あげ足とりと袋だたきが横行し、彼らには「ムダづかい」「不正受給」のレッテルが容赦なく貼られた。同時に、増税は自己責任をはたさない人たちのための尻ぬぐいのように受けとめられ、人びとは「増税の前にムダをなくせ」とさけびつづけた。

図12　申告納税者の所得税負担率（2013年分）

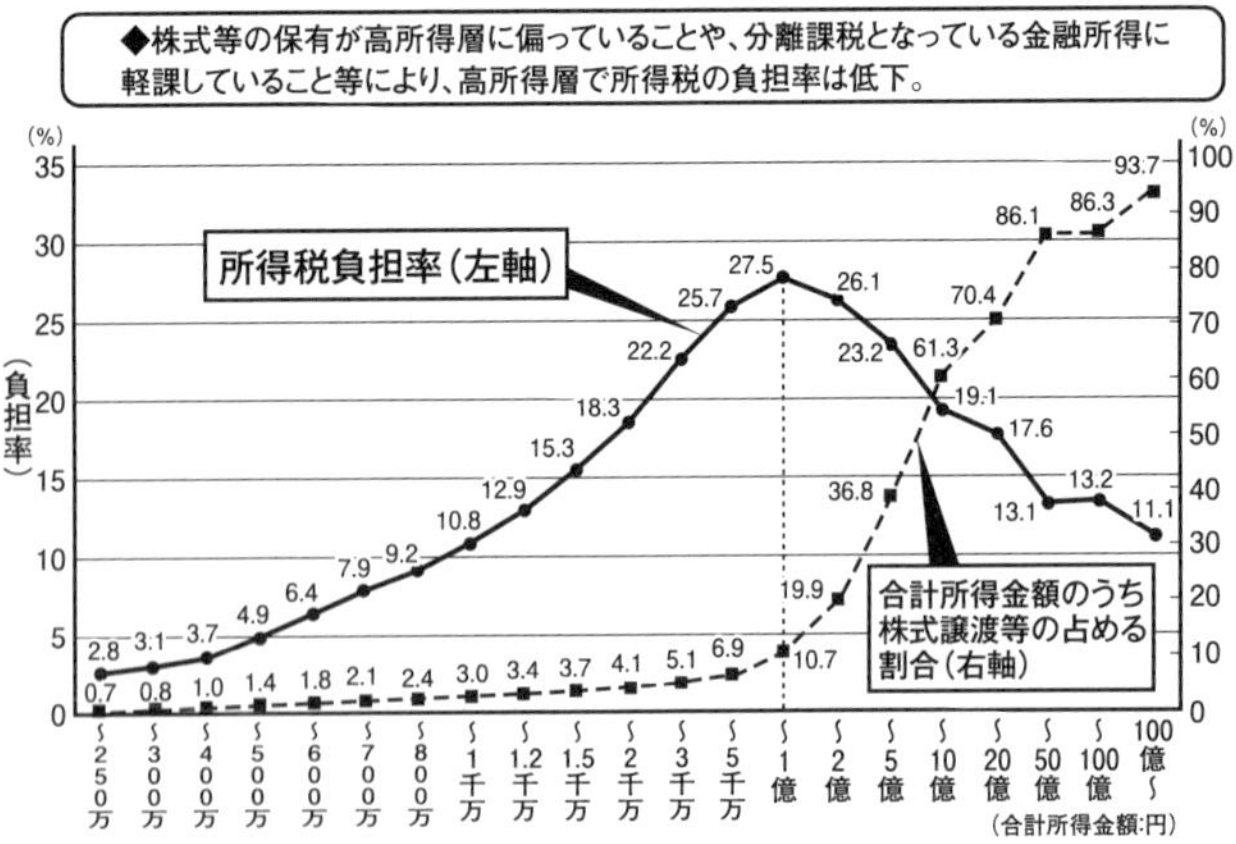

出典：財務省

同じ問題は租税制度のなかにも存在している。所得税では累進性がとられ、所得の少ない人たちは、税をはらわなくてよいしくみになっている。法人税も中小企業は税率が低く、多くの企業が赤字で税を負担していない。相続税、贈与税、固定資産税、どの税を見ても、低所得層は負担をまぬがれている。

EU加盟国では、VAT指令があるために、日本の消費税にあたる付加価値税の最低税率は15%となっている。つまり、受益面だけではなく、負担面でも共通の負担、「痛みの分かちあい」の領域が存在している。

ところが日本では、左派やリベラルが消費税の増税に強く反対しつづけてきた。低所得層の負担が大きくなる「逆進性」がとりわけ問題とされ、また、消費税の引きあげ分を消費者に転嫁できない中小企業の苦境が取りあげられてきた。

こうした現状は、負担なき受益者、特権階級としての低所得層の地位をさらにきわだたせる。

だが、問題が複雑なのは、**図12**にしめされるように、申告納税者の所得税負担率は、合計所得金額が1億円をこえると極端に租税負担率が下がっていることだ。富裕層の所得は、金融所得のしめる割合が多く、この所得への課税が不十分であることが理由だ。

ようするに、低所得層の租税負担が少ないことにくわえ、富裕層も課税逃れをおこなっているわけである。こうした税の不公正さが中間層の痛税感、租税抵抗の原因につながっている。

僕たちのつくった財政は、「みんなの必要をみんなで満たしあう」という財政の保障原理から大きく外れてしまっている。所得が減りつづけ、将来不安におびえる人たちにとって、一部の人たちだけが既得権を持つ財政など論外として映っているのである。

「頼りあえる社会」へ

いがみあいの根底にあるのは「既得権への怒り」と「疑心暗鬼」だ。この問題はきわめて重要なので、第6章であらためて論じることとしたい。

ひとまずここで強調しておきたいのは、特定の人たちに受益が集中していることへの反発をやわらげ、財政の原理、本来のあるべき姿からズレてしまった日本の財政をつくりなおさなければならない、ということである。

財政の原理への回帰をめざすのは、財政とはそもそもそういうものだからという当たり前の理由だけではない。『世界価値観調査（World Values Survey）』を見てみると、「国民みなが安心して暮らせるよう国は責任をもつべき」という質問に賛成する人の割合は増えており、２０１０年には８割ちかい回答者がこれに賛成している。「こまっているだれか」ではなく、「こまっているみんな」を目的語にかえなければならないのである。

財政とは、互酬や再分配を受け持つ、社会の共同事業である。そう。一人ひとりの個別な、私的なニーズのためではなく、僕たちがみな必要とするものだからこそ、税という痛みの分かちあいが可能になる、そういうしくみだ。

そうであれば、子育て、教育、医療、介護など、「だれもが必要とする／必要としうるサービス」について所得制限をゆるめていき、できるだけ多くの人たちを受益者にしていくべきである。もっとわかりやすくいえば、病院の費用も、大学の費用も、介護の費用も、子育ての費用も、いまよりずっと自己負担を軽くするということだ。

僕たちは経済成長を「目的」だと考えがちだ。だがそれはおかしい。将来安心して生きていくためにはどうしてもたくわえがいる。そのたくわえをつくりたいからこそ、僕たちは経済成長という「手段」を必要としているにすぎない。

もし、病気になっても、失業しても、長生きによって必要な資金がかさんでも安心して生きていける社会になったとすればどうだろう。僕たちは、いままでのように、血眼になって経済成長を追いもとめる必要はなくなる。不道徳なだれかを妬む必要もやわらぐかもしれない。

そうすれば、子どもの未来を育む教育、同じ社会を生きる仲間の苦しみである貧困、人間が生きていくための土台ともいうべき環境、そういった問題にもっと正面から向きあえる社会に近づけるのではないだろうか。いわば手段を「成長」から「分配」「満たしあい」にかえていくという戦略だ。

この社会にはさまざまな人がいる。たとえば、子どものいるカップルと子どものいない独身の人がいる。前者の場合、子育てや大学の学費を必要とする。後者の場合、これらの経費は必要とはならない。だが、子どもをあてにできない人たちは、歳をとって病気をしたり介護が必要となったりしたとき、より社会にたよらなければならなくなる。

子どもの有無だけではない。病気をしたり、ケガをしたりして、はたらけなくなる可能性はだれにだってある。そんなこまりごとは、運・不運ひとつでだれにだって起こりうる。そのときに、この社会をかたちづくる仲間たちに頼ってもいい社会、そう、「頼りあえる社会」をめざす、これが僕の提案である。

ライフ・セキュリティのメリット

このような認識のもと、僕は、税を財源として、すべての人びとに、教育、医療、介護、子育て、障がい者福祉といった「ベーシック・サービス」を提供することを提案してきた（前掲『幸福の増税論』）。

ベーシック・サービスがすべての人びとに保障されれば、生きていく、くらしていくための万人の「必要（ニーズ）」が満たされる。病気をしても、失業をしても、長生きしても、子どもをたくさんもうけても、さらには貧乏な家庭に生まれても、障がいをかかえても、すべての人たちが人間らしい「生活」を享受できるようになる。

くらしを保障しあう社会とは、じつは人間の尊厳を公平にする社会である。なぜなら「救済される領域」が最小化されるからである。これを僕は「尊厳ある生活保障」と呼ぶ。

医療や介護、教育の自己負担を軽くできれば、その分、生活保護のなかの医療扶助、介護扶助、教育扶助はいらなくなる。所得審査を必要とする現金による救済は、人様にごやっかいになったという屈辱を人間の心にきざみこむ。

反対に、これらをすべての人たちへのサービス給付に置き換えていくことで、だれかを救済する社会ではなく、みんなの権利をみとめあう社会へとかえていくことができる。

むろん、はたらくことができない人たちはたくさんいる。だから、サービスをつうじて救済の領域を小さくしながらも、高齢者、障がい者、ひとり親家庭といった人たちの「生存」は、「品位ある命の保障」をおこなうべきである。

ポイントは3つ。生活扶助、住宅手当の創設、そして職業教育・訓練である。最低限の保障といいつつ、衣食等、日常の生活に不可欠な生活扶助が切りさげられる。日本は先進国のなかで唯一普遍的な住宅手当を持っていない。「失業＝絶望」という労働市場のありかたは理不尽だ。これらの問題は徹底的に改善されていかなければならない。

このように、すべての人たちを受益者とするサービスによる生活保障、生存の危機に直面している人たちのための現金による生存保障、働く能力や意欲があるにもかかわらず、その機会をうしなった人たちの再チャレンジ保障、すなわち、生存と生活の「必要（ニーズ）」を保障しあう「ライフ・セキュリティ」へと財政をつくりかえるのである。

ライフ・セキュリティには多くのメリットがある。

まず、あらゆる人びとが将来不安から解き放たれる社会だから、中間層、あるいは貧困ではなくとも所得が少なくてこまっている人たち、彼らが社会的弱者を非難する理由がなくなる。全員が受益者になれるということは、既得権者がいなくなることを意味しているからである。

それだけではない。所得制限をはずして受益者の幅を広げていけば、それだけ所得審査についやされる膨大な事務・人員を減らすことができる。このことは「政府がムダ遣いをしている」という不信感の払拭にもつながる。低所得層をバッシングし、政府のムダ遣いをねらい撃ちにするような新自由主義的な政策は無効になる。この点は終章でもう一度ふれる。

また、経済を刺激する効果もある。僕たちは自己責任で貯蓄している。だが、自分が何歳で死ぬかわからない以上、かならず過剰貯蓄、つまり過小消費が発生している。

「頼りあえる社会」では、毎年増大している金融資産の一部を税としておさめるかわり、政府が毎年度これをサービス給付というかたちで消費する。そして、人びとがさまざまなサービスを使うようになれば、医療、介護、就学前教育、障がい者福祉、あちこちで消費と雇用を生みだしていくこととなる。成長は目的ではない。だが結果にかえることはできるのである。

どのような税制をめざすのか

当然のことながら、こうした社会の制度設計のためには、財源が必要だ。歴史をふまえた財政の原理からすれば、「喜びを分かちあう」社会は、同時に「痛みも分かちあう」社会でなければならない。

では、どの税をあげればよいのだろうか。「すべての人びとが痛みを分かちあう」という観点から理想的なのは低所得層から富裕層まで、全員が負担者となる消費税である。

ここで発想の転換が必要となる。読者のなかには消費税はまずしい人の負担がおおきい逆進

図13　消費税額と生活保障水準

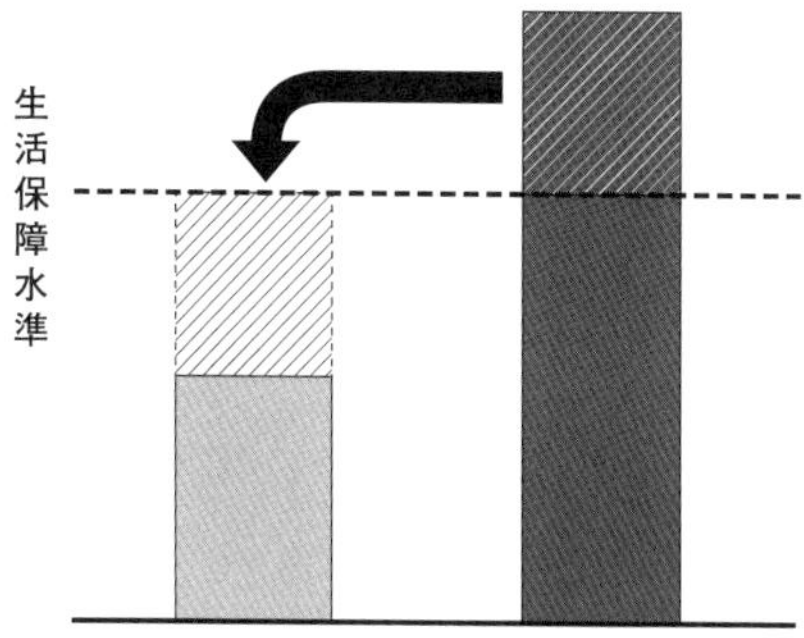

性があるじゃないか、おまけに富裕層にも給付するのでは格差が広がるからダメだ、と考える人もいるかもしれない。

だが現実は反対だ。図13を見てほしい。消費税のように所得の差と関係なく定率の税をはらい、みんなに同じ額のサービスを給付しても原理的には格差は小さくなる。

所得の「再分配」とは、ようするに富裕層の所得をまずしい層にうつすことをさす。少し考えてみればわかるのだが、ぜいたくなものをより多く買っている富裕層のほうが、まずしい人たちよりも消費税の負担額はかならず大きくなっている。このお金をサービスとして全員に均等に分配するのがライフ・セキュリティの基本的な発想である。

たしかに富裕層にも給付はひとしくおこなわれる。しかし、年収2000万円の人に100万円分のサービス給付をしても5％の受益しかないが、年収200万円の人にとっては50％の受益になる。いわば給付面では「逆・逆進性」効果が生まれるわけだ。給付と切りはなして負担の逆進性だけを論じてもなにも意味がないことがわかるだろう。

これはたんなる理屈ではない。ノースウェスタン大学のM・プラサド教授はこういいきった。

「貧困と不平等の削減にもっとも成功した国ぐには、富裕層に課税し、貧困層に与えることでそれをやりとげたのではない」（March 7, 2019, *New York Times*）

これは財政を学ぶ者にとっては常識といってよい話である。事実、日本よりも付加価値税率の高いヨーロッパの主要先進国のほうが日本よりも格差は小さい。給付をきちんとおこなえば、たとえ逆進的な消費税をあげたとしても格差は小さくできる。この点はなんどでも繰りかえし指摘しておきたい点である。

１９７４年のことである。消費税の創設が話題になるなかで、フランスの主税局次長ルピロアが日本で講演し、逆進性についてこうかたったことがある。

「税の累進性、逆進性を議論するとき、一税目だけをとり上げてもあまり意味がなく全体で考えるべきであろう。つまり、税収とその支出目的を合わせて考えるべきで、例えば、逆進的な税しか採用していない国でもその収入で社会保障を積極的に行なっているのであれば、その国全体としては逆進的ではないといえると思う」（『租税研究』２７３号）

本来なら大きな政府を志向するはずの「リベラル」だが、日本では、以上の議論はほぼ受けいれられない。消費税といった瞬間に「逆進性があるからダメだ」と思考が停止する。

あえて極端な話をしよう。消費税がいかに逆進的であれ、そこからあがる税収を低所得層に全額くばれば、はらった以上の給付が絶対にえられる。大勢の生活困窮者が楽になれる。僕はすべての人びとを受益者にすべきだと考えているが、もし低所得層の救済にこだわるのであれば、そのように主張すればすむ話である。本気で低所得層の命を考えるのであれば、消費増税反対を闇雲に繰りかえすのではなく、その使いみち、そして日本社会の未来を堂々と論じるべきではないだろうか。

どのくらいの増税が必要か

急いでつけくわえておけば、ここでは「消費税ははずせない」といいたいのであって、すべてを消費税でまかなうといっているのではない。金融資産課税や所得税、相続税といった富裕層への課税は重要な論点である。もちろん、株価の上昇で配当所得や譲渡益が増えた人たちに「痛みの分かちあい」をもとめるのは当然のことである。

ただし強力な分配策であるライフ・セキュリティをおこなおうと思うのなら、消費税を外すわけにはいかない。ベーシック・サービスの無償化、つまり、医療、介護、教育、障がい者福祉の自己負担をなくすためには、消費税を16％程度にまで引きあげる必要がある。もし、毎年度の財政赤字をなくすのであればもう3％必要となるだろう。したがって最大で消費税率を19％くらいに引きあげる計算となる。

消費税1％の引きあげで2・8兆円の税収があがる。一方、1237万円超の所得税率を1％あげても1400億円程度の税収しか生まない。あるいは法人税率を1％あげても5000億円程度の税収に止《とど》まる。ライフ・セキュリティを実現しようと思えば、さらに約9％の消費増税が必要になる。所得税なら180％、法人税なら50％程度の引きあげが必要である。

ケタちがいの税収を生む消費税を選択肢から外し、富裕層や大企業への課税のみで社会変革をかたってしまえば、社会変革はあきらかに遠のく。

ヨーロッパ社会民主主義の教えにならえば、消費税を軸としながら、富裕層や大企業への課税をつうじて、消費税のあげ幅をさげていくというのがもっとも現実的な選択肢である。所得税の最高税率をもう10％あげ、法人税率を1990年代後半の水準にもどすとしよう。すると消費税の税率は16％程度にまでおさえることができる。

根強い消費税への不信

むろん消費税への批判は、逆進性だけに止まるものではない。

たとえば、消費税が防衛費に流用されるという批判がある。だが、消費税法第1条2にしめされているように、消費税の使いみちは、年金、医療、介護、子育て、地方交付税に限定されている。もし防衛費への流用を問題視するのなら、所得税や法人税のほうが危険性は高い。

たしかに国防はとても重要な論点だ。日本の防衛費は国際的に見て低水準にある。とはいえ、近年、将来支出を現在の予算で議決する目に見えにくい「後年度負担」が急増している事実は無視されるべきではない。

ただ、防衛費をコントロールすることには賛成するとしても、現在120兆円の社会保障給付が2040年には190兆円にふくらんでいくという文脈のなかでライフ・セキュリティを論じるのであれば、大部分が義務的経費で、後年度負担をあわせても10兆円程度しかない防衛費の削減だけでなんとかなる話ではない。

そもそも防衛費の削減と消費増税は矛盾する組みあわせではない。ムダをなくしつつ、増税をおこなうのはむしろ政策の王道である。反対に、防衛費を盾に、人びとの生活不安がほったらかしにされるとすれば、それは多くの国民にとって不幸でしかない。

企業の内部留保への課税を、という主張もある。これも丁寧な議論が大事だ。内部留保が400兆円を超えたとよく耳にする。しかし、**図14**にあるように、そのうち現金・預金は約半

図14 企業規模別で見た内部留保の推移

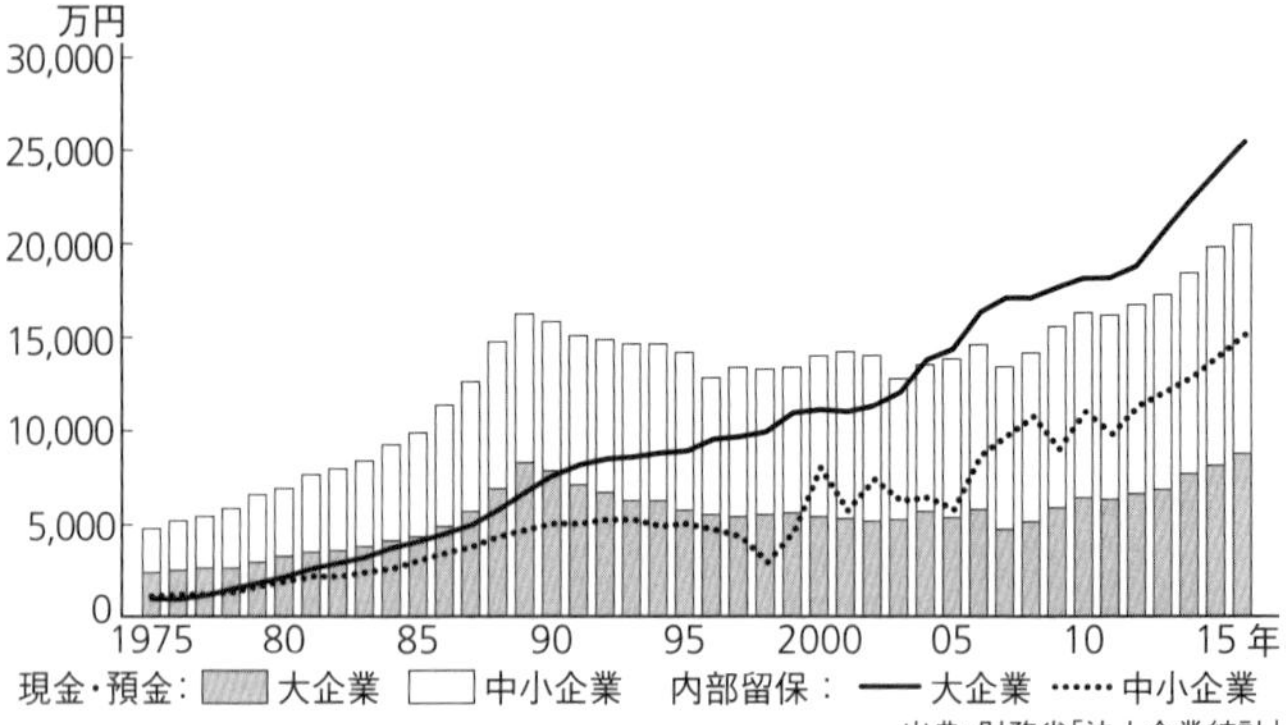

出典:財務省「法人企業統計」

分であり、その6割は中小企業のものである。金融機関からの借入れのむつかしい中小企業が現金や預金を積みましているからだ。じつは内部留保課税はここを直撃する。アメリカでも1930年代に内部留保課税が実施されたが、わずか3年で廃止になった。理由は中小企業の倒産があいついだからである。

大企業に限定して課税するとしよう。すると80兆円程度の現金・預金が対象となる。ライフ・セキュリティに必要な財源は、消費税10％プラス17〜20兆円である。もののの数年で大企業の現金・預金はなくなる。かわりに日本経済はおそらく壊滅的な打撃を受けるだろう。

経済との関係でいえば、消費税が消費を落ち込ませる、経済成長のトレンドを低下させるという批判がある。学問的にいえば、消費税、所得税、法人税のどの税が消費にマイナスの影響をあたえるのか、まだ確定されていない。したがって増税が景気を落ちこませるということは言えても、消費税が経済的に悪い税だということは言えない。

ひとつだけ注意しておきたいのは、1997年の増税であればアジア通貨危機、2019年の増税では、台風19号と新型コロナウイルスという不運に見舞われている。消費や経済へのネガティヴ・インパクトは、総合的に検討されるべきものであり、消費税にすべての責任を負わせるのは正しくない。

こうした事件の起きていない2014年の消費増税を見てみる。すると、同年の実質経済成長率がマイナス0・4％だった一方、前年は駆けこみ需要から2・6％だった。足して2で割れば第二次安倍政権の平均値である。また、増税後、勤労者世帯の所得は大きく伸びている。

一方、消費増税が経済成長のトレンドを低下させるという主張はまったく根拠がない。家計の消費支出の低下は先進国に共通の病というべきであり、その伸びはどの国でもハッキリと減少している。経済成長率の低下傾向もしかり。これらは消費税、付加価値税の増税をおこなった、おこなっていないという事実とは無関係な現象である。

税と貯蓄は「同じコインの裏表」

税の痛みを感じる人が多い日本では、消費税が19％と聞けばだれもがビックリするにちがいない。しかし、すでに指摘したように、日本の国民負担率はきわめて低い。消費税を19％にあげたとしても、先進国の平均を少し上まわる程度でしかない。その意味では、重税国家をめざすのではなく、平均的な福祉国家をめざそうという提案でしかない。

とはいえ、あきらかな歳入不足があるなかで、社会保障費は高齢化や女性の社会進出と同時に急速にのびてきた。いわば給付が先行するかたちで支出と収入の大きなギャップが放置されてきた結果、巨大な政府債務が生みだされたのである。こうなってしまうと、増税は、どうしてもまずは政府債務の削減から、財政再建からと考えられがちになる。

だが、日本の生活保障水準は国際的に見て十分だとはいえない。とくに、この20年間、世帯収入や家計貯蓄率が低下の一途をたどってきたのだから、生活保障機能の貧弱さはなおさらきわだっている。この状況のなかで「財政再建のための増税です」とうったえれば、政府を信用しない人たちは「増税の前に自分のムダ遣いをなくせ」と反論するだろう。

この政府不信がてことなって、支出削減をもとめる財政再建論者が小さな政府をもとめる新自由主義と手をむすんだ。そして批判が自己目的化し、債務を積みあげてきた政府の無責任さを批判してきた左派もまた、気づかぬうちにこの切りさげ競争に巻きこまれていった。

ここで重要なポイントを指摘しておきたい。さきに「税と貯蓄は同じコインの裏表だ」と述べた。僕たちは貯蓄を「資産」だと考え、税は「取られるもの」だと感じがちだ。だが、この考えかたは大きなあやまちをふくんでいる。

もし、僕たちが税をはらわないとすれば、たしかにそれは貯蓄にまわる。だがその貯蓄は将来のそなえであり、少なくとも現在の消費にまわすことはできない。銀行にねむっているだけの塩づけの資金である。この資金を税としてあつめ、それをライフ・セキュリティのための「社会のたくわえ」に変えればどうか。政府がこのお金を支出することで、先にふれたようにかならず経済は刺激されることとなる。それはまわりまわって人びとの所得となってかえってくる。

家計の金融資産をみると、1997年から2018年にかけて約500兆円増えている。しかし、人びとは将来不安からこの資金のかなりの部分を現預金として持っている。もし、その一部を政府が税としてあつめ、これを消費にまわしたら、当然、経済成長の基本トレンドは底あげされる。そしてその資金の一部はまた金融資産となって還流する。

以上のあらたな資金循環にくわえて、ベーシック・サービスによってそもそもの将来不安が解消される。「貯蓄ゼロでも不安ゼロ」の社会が生まれれば、人びとは税引き後の所得を思いきって消費にまわすことができる。しかも、現預金として持たずとも、株や投資信託などに投資することもできる。将来の成長トレンドはさらに高まるだろう。

成長依存型社会からの脱却

ようはこういうことだ。消費を手びかえ、勤労、倹約、貯蓄の自助努力にはげみ、将来不安におびえて生きる自己責任社会をつづけていくのか、税による満たしあいをつうじて、だれもが安心して生きていける、経済活動も刺激する「頼りあえる社会」をめざすのか、いったいどちらなのか、ということだ。

あるいはこういいかえてもいい。借金しながら個別の利害を総花的に満たし、それがむつかしくなれば既得権者とおぼしき犯人を袋だたきにする政治をつづけるのか、それとも、社会の構成員に共通するニーズを満たしながら、痛みと喜びを分かちあう信頼の政治をめざすのか。ここで問われているのは「どんな社会を僕たちはめざすのか」ということなのである。

すべての人を受益者にというと、やや極端な印象を持たれるかもしれない。もちろん、それはゴールであり、一気に無償化をすすめずとも、段階的に所得制限を緩和していく方法もありうる。

だが意外に現実はせっかちだ。僕は、2019年に2％増税される予定だった消費税の使いみちをかえ、就学前教育や介護などの受益を中高所得層にまで広げることをうったえてきた。「増税組みかえ論」である。この方針は、民進党において当時採用されていたが、おどろくべきことに、同党はいま解党の憂きめにあい、反対に安倍晋三首相によって就学前教育の無償化というかたちでそっくり実現することとなった。

世間ではこれを野党政治への「抱きつき戦術」と呼び、批判するむきもあった。だが、個人的な感情をこえて評価すれば、「成長依存型社会」からの脱却という意味でおおきな一歩が踏みだされたことにこそ、意味がある。

しかし、他党の政策の模倣はあくまで模倣であり、問われるのはめざすべき社会像、哲学である。決定ずみだった税の使いみちをかえ、ただバラまくだけなら、「頼りあえる社会」へのあゆみは止まってしまうだろう。

僕たちは救済を正義としてかたりがちだ。しかし、人間は正義のために支えあってきたのではなく、生存や生活のニーズを満たしあうために協力してきた。いまこそ、社会の共同行為という財政の原点にかえるべきときである。

痛みと喜びを分かちあう「頼りあえる社会」をつくりあげ、「私たち」という連帯の土台を再生しなければ、多くの人びとが感じている生きづらさはつづく。いや、これから生まれてくる子どもたちは、経済の衰退、人口減少がさらにすすみ、いま以上の生きづらさにくるしむことになるにちがいない。そのような悲惨な未来をだまって見すごすわけにはいかない。

第6章 リベラルであること、そして国を愛するということ

はたらくことが苦痛な社会

新自由主義とは正反対の大きな政府を志向する人たち、彼らは一般に「リベラル」と呼ばれる。序章でフリードマンが「自由主義者」を名のっていたことを思いだそう。自由主義者とはリベラリストであり、ことばだけをとらえれば、彼もまたリベラルな存在である。なんとも奇妙な話だ。この章では日本の「リベラル」に光をあて、彼らのもとめる「自由」の問題点について考えてみることとしたい。

自助努力と自己責任で生きのびることが美徳とされる社会、その前提にあるのが「勤労」することへの社会的な共感である。

だが、そもそもの話、僕たちはどうしてはたらくのだろうか。

山手線の朝のラッシュアワーを見ていてふと頭に浮かんだことばがある。それは「人間の非人間的輸送」である。人を押しのけようと、足を踏みつけようとおかまいなしの車内にあって、ほほえみをかわす人などひとりもいない。この苦痛に満ちた空間を必死の思いでやりすごしてようやく、そこから人びとの一日の仕事がはじまる。

はたして、そんな彼らははたらくことを愉《たの》しむことができているのだろうか。『国際社会調査プログラム』の「仕事と生活についての国際比較調査（Work Orientations 2015）」を見てみよう。

41の国・地域で質問をし、それに「そう思う」「どちらかといえばそう思う」と同意の回答をした人の割合の多さを順位づけしたものだ。

仕事への評価の質問での日本の順位は、「失業の心配がない」が40位、「収入が多い」が36位、そして「おもしろい」は39位だった。ところが、「ストレスを感じること」は3位という順位の高さであり、また勤務時間の決まりかたについても「はじめと終わりの時刻が決められており、勝手に変えられない」と回答した人の割合が6位と高い。

こういうことだ。僕たちは、失業の心配をし、年収に満足できず、仕事をおもしろいとは思えないにもかかわらずはたらいている。ストレスに満ち、はたらく時間も自分たちの思いどおりには決められない。少なくとも統計を見るかぎり、これが日本の労働者の平均的なすがただ。正直、僕は、調べていてかなしくなった。

質問をかえよう。日本のようにはたらくことが喜びにつながりにくい社会にあって、いったい僕たちは何のためにはたらいているのだろうか。

言うまでもない。それは生きるためだ。これは憶測ではない。ここでもまたデータが雄弁にその事実を物語ってくれる。

『国際社会調査プログラム』に「環境に関する国際比較調査（Environment 2010）」という調査がある。このなかで「医療制度・教育・治安・環境・移民問題・経済・テロ対策・貧困」について「今の日本で最も重要な問題は何だと思いますか」という質問がある。日本の人たちは、58・1%、全体のほぼ6割が「経済」と答えている。これにつづくのは、チェコの43・4%、スペインの43・1%であるから、調査した36の国のなかで日本はダントツの1位ということになる。ちなみに、上位にくる国は、旧社会主義国やアングロサクソン諸国が多い。つまり、比較的まずしい国、小さな政府のもとで自己責任をもとめられる個人主義の国の人たちは、経済に無関心でいられないということだ。

僕たちにとって最大の関心事は、環境でも、教育でも、いわんや貧困問題でもない。「お金」なのだ。生きていくため、くらしていくためには、人間はだれしもがお金を必要とする。だが、政府の生活保障が貧弱で、自己責任で生きていくことをもとめられる日本では、その度あいがひときわ高くなっている。

はたらくことはそれじたいに価値がある。だが、僕たちははたらくことを強いられ、それを喜びと感じられない社会をつくってしまった。それは経営者の傲慢や無慈悲だけがもたらしたのではない。むしろ、労働ではなく、まじめに、勤勉にはたらくのが当たり前という社会のありかた、はたらけない人だけを助けてやればよいという財政のありかたによって、知らず識らずのうちに方向づけられているのである。

家のなかではたらく人

はたらくということ、この問題をふたつの角度からとらえなおしてみよう。

ひとつめは、「はたらく」ことと「家族」との関係だ。

「共働き」と「共稼ぎ」というふたつの表現がある。じつはこの本のなかで僕が使っているのは後者だ。みなさんはこのちがいをどう考えるだろう。

専業主婦の女性の場合、たしかにお金はかせいでいない。しかし、家庭内の労働という意味では専業主婦もはたらいている。つまり、「共稼ぎ」ではなくとも、「共働き」であることはまちがいない。だから僕は、男女がともに家の外でお金をかせぐとき、「共稼ぎ」のことばを使っている。

では、この家のなかで「はたらく人」と、家のそとで「かせぐ人」との関係は日本ではどうなっているのだろうか。

さきの「仕事と生活についての国際比較調査（Work Orientations 2015）」をもう一度見てみよう。「あなたが仕事中に、家の用事や個人的な理由で、仕事を1、2時間離れることはどのくらい難しいですか」という問いにたいして、「非常に難しい」「やや難しい」と回答した日本人の割合は41の国・地域のなかで3位だった。一方、「家庭生活が、仕事の妨げになること」に関して「まったく感じない」「ほとんど感じない」と回答した人の割合も13位とこれも上位だ。

つまり、家庭と仕事との分業がすすみ、「かせぐ人」は家庭をかえりみることがむつかしい、あるいはかえりみようとしない社会、そして、家のなかで「はたらく人」が孤独を余儀なくされる社会かもしれない、ということである。

ここでもまた、家族を少なからず犠牲にしながら勤労しなければならない社会、自己責任で生きていくために家族のことなどかまっていられない社会のすがたが透視できる。

政治学者丸山眞男（1914～1996）はテレビドラマでの非行少年の父のことばをメモ書きでのこしている。「私にはさっぱり分らないんです。私は教育するために生きてるんじゃないんです。私は仕事があるんです。働かなけりゃならないんです……」（丸山眞男『自己内対話』）。かなしいことだが、多くのはたらく男性の思いといまもなお、重なるのではないだろうか。

一億総勤労社会と自由

もう一点、高齢者やひとり親家庭についても考えてみよう。老後ということばは、一般的にいえば、はたらくことを終えた人たちにたいして使われる。ここで図15を見てみよう。日本では、高齢者の就業率が韓国についで高いことがわかる。ちなみに韓国もまた儒教の影響から「勤労」の思想が強い国である。

また、日本以外の国に目をむけてみると、アングロサクソン型の自己責任を重んじる国が上

図15 高齢者の就業率

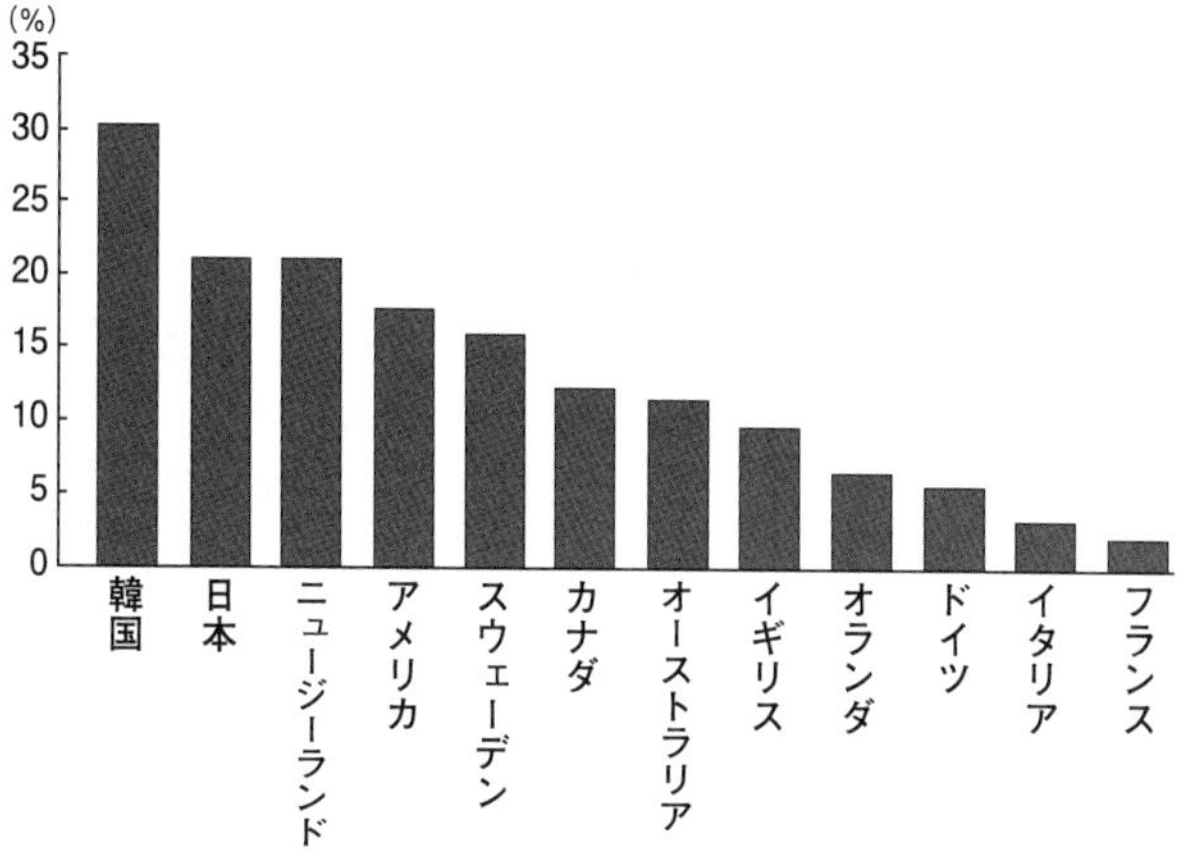

出典：データブック国際労働比較2017より作成　　注：スウェーデンは65〜74歳のデータ。

位にきていることがわかる。唯一の例外はスウェーデンだ。だが、スウェーデンの順位が高いのは、データの制約上65〜74歳の高齢者が対象であり、75歳以上の高齢者が分母にくわえられていないことが理由である。

ひとり親家庭の就労も見てみよう。OECDのデータと日本のデータをくらべると、日本は先進国のなかで3番目にひとり親家庭の就業率が高い。だが、おどろくべきことに、勤勉に親がはたらく社会であるにもかかわらず、ひとり親家庭の貧困率は1位である。

厚労省の統計によると、ひとり親家庭の約9割は母子家庭だ。母子家庭のお母さんは、子育てをしながらはたらくため、正社員になりにくい。収入がそもそも少ないのだ。

さらに日本は、生活保護の利用率が先進国のなかで極端にひくいことでも知られている。日本では母子家庭のお母さんがはたらいても生活保護世帯以下の収入しか得られないことから、女性がはたらくと貧困率が上昇するという異常な状況さえ生まれている。それでも日本の女性は生活保護を利用するのではなく、身を粉にして「勤労」することをえらぶのである。

このように高齢者は老後にあってもはたらかなければならず、母子家庭の女性もまずしくなるとわかっていても就労をせまられる。なぜか。そうしなければ生きていけないから、そして人様のご厄介になることは恥ずべきことだからだ。

はたらきたい人がはたらくのはよい。しかし、厚労省や労働政策研究・研修機構の調査によると、高齢者がはたらく理由でダントツの1位は経済的理由だし、シングルマザーにいたってはまずしくなるにもかかわらず、はたらくことを余儀なくされている。すべての人が生き生きとかがやく「一億総活躍社会」は、下手をすると「一億総勤労社会」になりかねない危険性をはらんでいる。

では、苦痛や不安にたえ、それでもはたらくことを一生強いられつづける、そんな国に生きる僕たちが果たして「自由」を感じとることができているだろうか。

ここで『世界価値観調査』のWave5（2005-2009）に当たってみよう。「どのくらい自由を感じますか」という問いにたいして、「1（まったく）」から「10（非常に）」までの数字でこれに答えるというものだ。「非常に」と回答した人の割合は58カ国のなかで58位、全回答者の点数の平均値を見ても51位という低さだ。

あるいは、Wave6（2010-2014）にも、「あなたは、ご自分の人生をどの程度自由に動かすことができると思いますか」という問いにたいし、これを10段階で評価する項目がある。「人生は全く自由になる」と回答した人の割合は60カ国中58位、平均値では59位というありさまだ。

経済への依存、苦痛に満ちた労働、かせぐ人とはたらく人の距離、終わりの見えない就労、そしてうばわれた自由――僕たちの社会は生きづらさに覆われてしまっている。

まずしさをみとめ、格差をみとめない人たち

第4章で確認したように、勤労者世帯の収入のピークは1997年だ。はたらくことは苦痛だが、その苦痛に耐えたからといって将来が安心できるわけではない。

図16を見てみよう。人びとの悩みや不安はあきらかに増大傾向にあり、それらをかかえる人たちがいまでは全体の6割をしめている。しかもその不安の内容は老後のくらしであり、いま、そして今後の収入・資産である。

このような不安の高まりとともに、人びとは自分たちのくらしぶりが劣化したことに気づきつつあるようだ。『国際社会調査プログラム』の「職業と社会に関する国際比較調査（Social

図16 悩みと不安の図

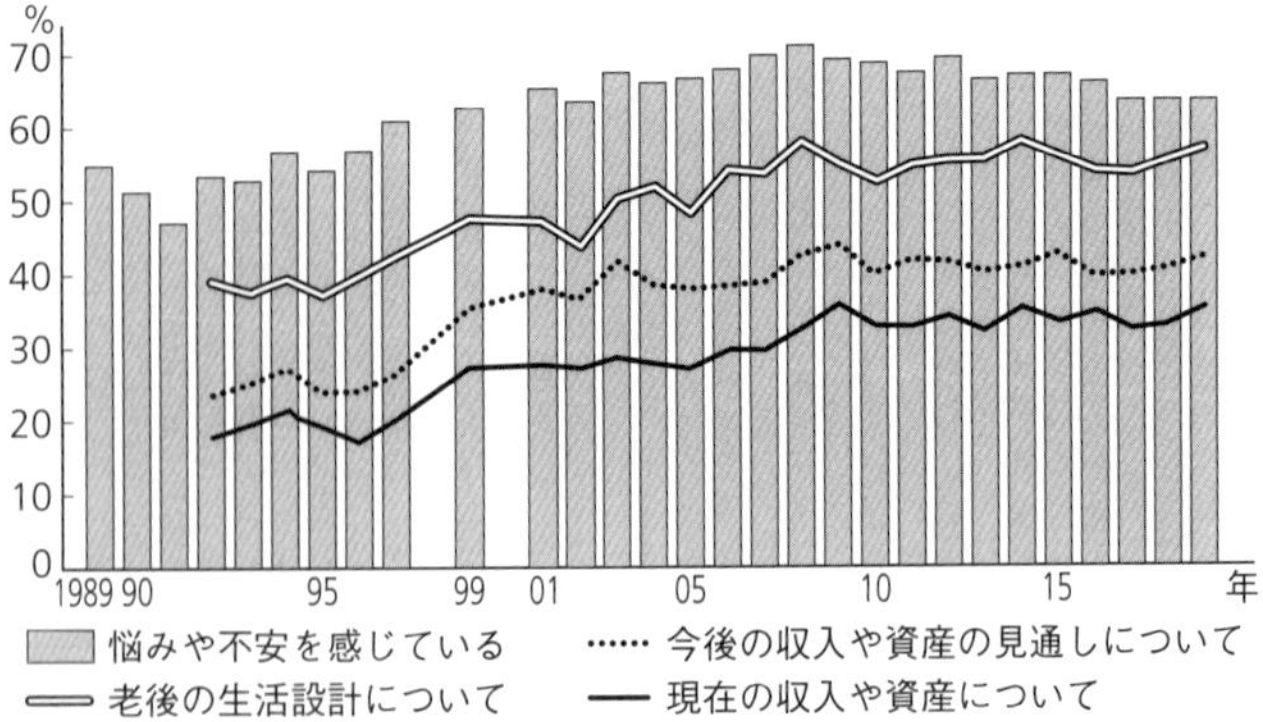

出典：内閣府「国民生活に関する世論調査」※98年、2000年はデータなし

Inequality 2009)」「仕事と生活についての国際比較調査(Work Orientations 2015)」を見てみよう。

「現在のあなたの仕事の社会的な位置づけは、あなたが15歳のときの父親の仕事と比べてどうですか」と聞いた質問にたいし、「自分のほうがかなり低い」「自分のほうが低い」と答えた日本の人たちの割合は、42の国・地域のなかで2番目に高い。また、「5年前より暮らしが良くなった」「5年後は暮らしが良くなる」という問いに賛成した人の割合は、17の国・地域のなかでそれぞれ15位、17位だ。かなしい事態である。

ところがここから話がおかしくなる。不安が共有され、しかも自分たちの生活の劣化に気づいているはずなのに、僕たちは所得格差にたいして関心をうしないつつある。

「日本の所得の格差は大きすぎる」「所得の格差を縮めるのは、政府の責任である」「政府は、失業者がそれなりの生活水準を維持できるようにすべきだ」という問いに対して賛成した人の割合は、それぞれ42の国・地域のなかで30位、36位、28位だった。

ＯＥＣＤのGrowing Unequal? という２００8年のレポートを見ると、この問題を別の角度から理解することができる。

財政をつうじた所得再分配は、①まずしい人に給付すること、②富裕層に課税すること、で小さくできる。だが、調査対象となったＯＥＣＤ21カ国のなかで①による日本の格差是正力は19位、②にいたっては最下位だ。財政はその国で生きる人たちの価値観をうつしだす。あきらかに僕たちの社会はまずしい人たちへの関心を失いはじめている。

中流幻想

なぜこのようなことが起きるのか。

内閣府の「国民生活に関する世論調査」がそのヒントをあたえてくれる。２０１9年度の調査を見てみると、自分の生活水準（上・中・下）をたずねた項目があるのだが、いぜんとして日本社会のなかから「中流意識」が払拭されていないことがわかる。

自分が「下」に属すると回答した人の割合はわずか４・２％であり、なんと92・8％の人たちが「中」とこたえている。

この数字はあきらかにおかしい。日本の相対的貧困率は15・７％であり、少なくともこの社会には16%程度の貧困層が存在しているはずなのである。

あるいは厚生労働省の「平成30年国民生活基礎調査」を見てみよう。世帯所得が300万円未満の人たちが全体の33・6%、400万円未満の人たちが47・2%をしめる社会でもある。これは個人の所得ではない。世帯の所得だ。専業主婦世帯の数がへり、共稼ぎ世帯にその地位を取ってかわられたことはすでに指摘したが、ふたりではたらくようになったのに、300万~400万円の年収をかせぐことさえむつかしい社会になっているのである。

しかもこれは手取りではない。ここから税が引かれるから、手取りはおそらく200万円台半ば~300万円台前半くらいになる。この収入で子どもを2、3人育てあげ、家を買い、老後にそなえることは、まずムリだろう。ベネッセの調査によると、子どもひとりの養育費・教育費は進路によって幅があるが、2655万円から4105万円かかると言われている(https://benesse.jp/kosodate/201509/20150910-2.html)。

実際、「平成30年国民生活基礎調査」によれば、生活にゆとりがあるという人たちは約4%しかおらず、苦しいとこたえる人たちはほぼ6割である。それなのに、わずか4・2%の人たちしか自分が「下」だとみとめない。これはあきらかにおかしい。

どうしてなのだろう。このギャップを解きあかすためのキイワードは「あきらめ」だ。晩婚率があがり、出生率は低迷している。また、50代以下の層の持ち家比率はさがり、ファストフードやファストファッションも普及した。いわば、衣食住のあきらめ、家族を持つことのあきらめ、これらがあってようやく「人なみのくらし」が保てているということなのである。

そもそも「下」、すなわち下流とはなにをさすのだろう。「低所得層」と「貧困層」、一見すると同じに見えるこのことばだが、冷静に考えてみれば、所得が低いということと、貧困であるということは、けっして同じではない。

もし、低所得層である自分は貧困層ではない、社会的な救済の対象ではない、その意味でギリギリ「中流」に踏みとどまっている、そう信じたい人たちが少なからずいるとすれば、貧困撲滅、反貧困ということばは、彼らにとってはまったくの他人ごとでしかないだろう。ちなみに先の『国際社会調査プログラム』を見てみると、自分が「中の下」に属するとこたえた日本人の割合は調査対象の38カ国のなかで1位である。

中流幻想――なんとか中流でとどまっていると信じたい、そんな彼らに、弱者の自由や、弱者への優しさをうったえればどうなるだろう。繰りかえされる生活保護バッシングに象徴されるように、はたらかずとも生きていける「特権的弱者」への反発、疑心暗鬼を生んでしまうだけではないだろうか。

懸命にはたらき、爪に火を灯《とも》すようなくらしをしていても、ちょっとしたぜいたくどころか結婚や出産さえをもあきらめなければならない人たち。彼らが、はたらかずに収入をえている生活保護利用者を「特権的弱者」とみなして目の敵にし、不正受給を摘発しろとうったえるとき、そこにはそう告発する人たちの生きることへの苦悩がある。

生保のくせに！

もし、はたらくことが愉しくてしかたないとすれば、理由があってはたらけない他者を見たとき、人びとのあいだに同情や共感の情がわいてくることだろう。だが反対に、はたらくことがしんどいとすれば、はたらかずに生活できる人たちへの嫉妬がわき起こるかもしれない。

この仮説のただしさに確信を持つような、ある経験をしたことがある。

僕は友人と一緒に夕食をとっていた。するととなりの席にすわっていた若い研修医のグループが突然おどろくような話をはじめた。

「生保のくせにオプジーボ使ってんじゃねぇよ」

「税金はらってねぇんだから生保は生保並みの治療でがまんしてろよ」

オプジーボとは非常に効果があるけれども、値段もまた非常に高いがんの治療薬のことである。この発言をきいた僕は、これが将来の日本の医療をささえる若者の言い分なのか、と暗然たる気持ちにおそわれた。

生活保護利用者のすべてが税をまぬがれているわけではない。仕事をしながら、所得のたりない部分を生活保護でおぎなっている人たちも大勢いる。彼らは少なくとも自分の収入の一部で消費税をはらっている。いや、それ以前に、生活保護は憲法にさだめられた基本的人権にしたがって制度化されたものだ。その人たちの命を保障していったいどこがいけないのか。

だが、ここで立ちどまって考えてみたい。

たしかに僕の怒りは、政治的に「リベラル」と呼ばれる立場からすれば正当なものだろう。だが、多くの人びとが健康不安におびえ、なけなしの金をはたいて保険にはいったり、健康維持につとめたりするなか、特定の人びとだけが税を使ってそういう不安から解放されているとしたら、どうだろう。

努力をしている人間が努力をしていない（と思いこんでいる）人たちにいだく憎しみ、ねたみ、そうした感情を持った人間は、僕たちにとって怒りの対象なのだろうか。それとも同情すべき対象なのだろうか。

研修医たちも同じである。医者ときくと僕らはすぐに富裕層をイメージする。だが、研修医は夜間勤務や長時間労働をしいられており、過労死さえもが取りざたされている。その一方で、彼らの平均年収は大学病院では３０７万円、臨床研修病院で４５１万円だという（厚労省「医師臨床研修制度の評価に関するワーキンググループ〜論点整理〜」２０１３年）。

十分とはいえない年収のなかで、ときには死にいたるような過酷な労働をせまられている人たちが、税負担をのがれながら高額の治療薬を使っている生活保護利用者をののしった。ここに本質がある。弱者のさらなる弱者への攻撃。おかしいのは攻撃者のモラルか。それともこの社会のありかたなのか。

弱者へのねたみと憎悪。ニーチェは、強者への嫉妬や憎悪をルサンチマンと呼んだ。だがいまの日本では、「強者」の中身がみごとに逆だちしている。そこにあるのは「弱者」を「特権階級」とみなす「ゆがんだルサンチマン」だ。

ニーチェはこう述べていた。「人間に対する恐怖とともに、われわれは人間に対する愛、人間に対する畏敬、人間に対する希望、否、人間に対する意志をさえ失ってしまった」、と（ニーチェ『道徳の系譜』）。この指摘は「ゆがんだルサンチマン」にもあてはまる。しかし、意志の喪失というかなしい現実が弱者におそいかかれば、彼らは生存の危機に直面する。

新自由主義を信奉する人たちは経済的な自由が福利を最大にするとうったえた。社会的な公正や多様性を尊重する「リベラル」は、これに異議申し立てをおこない、その名のとおり、人間の自由を重んじ、自由を成立させるために汗をかいてきた。

「リベラル」がすべての人間の自由をかたるとき、彼らは、自由をうばわれている「弱者」を主語にすえてきた。弱者を救済すれば、すべての人たちが自由になれると考え、所得格差の是正をうったえ、貧困とたたかってきた。だが、弱者への配慮が成りたたない社会にあって、「弱者の自由」「弱者への優しさ」をさけびつづける「リベラル」に未来はあるのだろうか。

愛国心か？　ナショナリズムか？

多くのはたらく人たちが日々のくらしと生活防衛におわれ、将来不安にさいなまれているのであれば、自己責任の社会をつくりかえることにエネルギーがむかってもよいはずである。だが、過去の成功体験、ゆたかさの記憶が僕たちを思考停止におとしいれてきた。

僕たちは、国際的に見て、自分の国それじたい、あるいは国のゆたかさに自信と誇りを持っている。

『国際社会調査プログラム』の「国際化と社会に関する国際比較調査（National Identity 2013）」によると、「他のどんな国の国民であるより、日本国民でいたい」「一般的に言って、他の多くの国々より日本は良い国だ」という質問に「そう思う」「どちらかといえばそう思う」と答えた人の割合は、38の国・地域のなかで、それぞれ4位、1位である。また、「経済的成果」「日本人であること」について「とても誇りに思う」「まあ誇りに思う」と回答した人の割合はそれぞれ11位である。

国を愛する気持ちを持つことは、すばらしいことだ。国ということばをどのように評価するにせよ、この社会には大切な家族や仲間たちが大勢いる。その人たちとともに生きる国を愛し、誇りを持つという感情を否定する必要はまったくない。

愛国心とナショナリズムはけっして同じものではない。ジョージ・オーウェルは、他者への強要をもとめない、特定の地域、特定の生活のしかたにたいする愛情を愛国心と呼んだ。一方、ナショナリズムは、自分が人格を埋没させることをのぞんだ国家や組織にたいする名声、いわば権力への欲求であり、他者よりも自分たちが優れていることを声高にさけぶと指摘した（ジョージ・オーウェル「ナショナリズムについて」）。

問題は、自尊感情と現実の変化＝生活の不安定化とのギャップが大きくなっていることにある。愛国心が空疎で、ときには害悪とさえなりうる「日本礼賛論」へと堕し、中流からの転落の恐怖が排外主義や他者への攻撃を呼びこんでしまいかねない、そんな現実である。

僕たちの生活水準がズルズルとさがってきたことはすでに述べたが、同時に、日本経済の国際的な地位も地盤沈下をはじめている。一人あたりのGDPは、円高の影響があって順位をあげたが、それでもOECDのなかで20位（２０１８年）。かつて2位を記録したおもかげはもはやない。

将来のすがたも楽観できない。評価額が10億ドルをこえ、非上場であり、創立から10年をこえていない有望企業を「ユニコーン企業」と呼ぶ。２０２０年２月の時点で、これらの企業がアメリカには２１６社、中国には２０６社あるが、日本にはわずか７社しか存在しない。

ある新聞で、大手ホテルの宿泊客のうち外国人が軒なみ５割をこえているという記事があった。インバウンドによる景気刺激といえば聞こえはいい。だが、僕たちにとっての高嶺の花の高級ホテルが外国人から見れば割安になりはじめているとすればどうだろう。発展途上国にいけば高級ホテルに泊まれる、という僕たちの感覚を外国人が持ちはじめているとしたら……。

少なくとも日本経済は、世界経済を牽引するという、かつての勢いをうしないつつある。そして、オリンピックや万博といった「お祭り」と外国人の観光に頼ることが、あたかも「成長戦略」であるかのようにかたられる。これが、いまの日本経済の実際の姿、実力ではないか。

経済の衰退とあゆみをそろえるように、僕たちの中国や韓国にたいする親近感は急速に弱まりつつある。中国にたいして「親しみを感じない」「どちらかというと親しみを感じない」と回答した人の割合は、以前、５割弱で推移していたものの、２００４年以降急増して２０１９年には74・９％にたっしている。また韓国についても同様で、２００４年の39・２％をボトムに２０１９年には71・４％にまで跳ねあがっている（内閣府「外交に関する世論調査」）。

愛国心が経済の衰退とともにナショナリズムへの導火線となりつつある現状、事態はきわめて深刻なものである。そして、それはまさしく、いつか来た道にほかならない。

ドイツの経験

経済的な衰退が目に見えるようになり、近隣国への嫌悪感が強まっていくなか、国内でもあいちトリエンナーレ問題やポピュリズムを旗印とする政党の躍進がメディアをにぎわせるようになった。また、輸出規制をめぐって日韓が対立し、米中の貿易摩擦が為替や株価を乱高下させる状況も生まれた。忖度や言論弾圧のことばがメディアを飛びかい、ファシズムへの懸念さえささやかれるなか、国の内外で政治への不信、将来への不安がうずまきつつある。

こうした状況のもと、「リベラル」は、多様性の尊重をもとめ、政治への無関心を問う声を強めている。これらは健全な要求である。しかし、民主的な要求がそれとは反対の結果をもたらした歴史もまた、存在する。「民主主義の実験」とまで呼ばれたワイマール期のドイツをファシズムへといざなったのもまた、ほかならぬ「市民社会」だった（Sheri Barman, *Civil Society and the Collapse of the Weimar Republic*）。

第一次世界大戦にやぶれたあとのドイツでは、ボランタリーなアソシエーション（中間団体）の組織率が国際的に見て非常に高くなっていた。1920年代の終わりまでに、中間層の生活水準はかなり悪化していたが、既存の政党は個別団体の既得権をまもることに執着していた。生存や生活の保障をあとまわしにする状況に悲観した労働者層、中間層は、きびしさを増していくくらしへの支援をさまざまな中間団体にもとめるしかなかったのである。

ボランタリーなものであれ、中小零細企業の団体であれ、中間団体は共通の利益にそくして組織される。だがそれは「グループの内側」での共通利益であり、組織と組織のあいだの広がり、連帯を生みにくい。協働が人びとのくらしを支え、地域団体への労働者層、中間層の依存は強まったが、その反面、政治をつうじた合意形成はむつかしくなった。組織どうしの対立がはげしくなるのと同時に、彼らは既存政党への抵抗・反発を強めていった。

まさにこのときだった。大恐慌が社会を直撃し、生活不安と政治への不満が吹きあれるなか、これらを跳躍板としつつ、個別利益ではなく国家利益の代弁者を演じるものたちがあらわれた。彼らは、暴力さえ辞さずに、地域の中間団体を組織化した。労働者、医師、教員、法律家、福祉関係者、公務員、技術職、さまざまな付属団体をつうじて「市民」を政治へと動員し、彼らの自己犠牲の精神を全体への奉仕へと置きかえながら、「国民」への再統合を果たした。ナチスである。

「リベラル」に欠けているもの

多様な価値や市民の政治参加はもちろん重要だが、それは民主主義の安定とイコールではない。「リベラル」は社会的な弱者に焦点をあわせる。彼らを救済すれば、すべての人たちが幸せになれる、それは道徳的な正義だとうったえる。

だが、危機の時代には、自己責任をはたすことがむつかしくなり、人びとは「転落の恐怖」におびえる。「貧困層の救済＝無責任の尻ぬぐい」ととらえられかねない状況、いわば、社会的な分断がうかびあがる状況のなかで、「リベラル」はその分断を結果的に加速させる。

彼らに欠けているのはなにか。多様な価値、個人の主体性を追求することは重要である。だが、中間層の衰退、政党政治の機能不全、社会的なつながりのゆるみという時代状況を見とおしながら、ナショナリズムや暴力とはことなるかたちで社会全体の連帯感をどう形成するか、という視点が弱い。

ファシズム再来の不安をあおりたいのではない。だが、政治不信と社会の分断が強まり、深刻な経済ショックにみまわれ、それを見はからうように扇動的な指導者があらわれたとき、政治のかたちがどうであれ、破滅的な未来を想像するのはたやすい。ナチスは4年で市民社会を支配と強制でぬりかえたが、皮肉にもその土壌は市民と政治が数十年かけて育んでいた。そして、皮肉にも、権力の掌握とともにまっさきに中間層を弾圧したのもまた、ナチスだった。

戦後ヨーロッパはファシズムを反面教師とした。公正な税負担をもとめながら、中間層の不安解消に徹底的に取りくんだ。貧困とのたたかいだけでなく、広範な利害の共有があったからこそ、税をつうじた社会的な連帯が実現された。

反対に、財政による連帯のよわいアメリカやイギリスで、近年、トランピズムやブレグジットなど、社会的対立をあえて原動力としつつ、自国の利益を優先し、多様性に不寛容な政治が幅を利かせていることは、周知の事実だ。経済が成長した時代ならば、一部の貧困層を救済することで、みながしあわせになれた。だが、いま問われているのは、中間層もふくめた広範な生活保障のしくみをどのようにつくりあげるか、である。

「リベラル」はファシズム問題を改憲と関連づけてかたりがちだ。だがナショナリズムという観念的な統合に9条という別の観念で立ちむかうだけでは不十分である。不測の事態が起きたとき、それを冷静にうけとめ、粘りづよい外交へとみちびいてゆくには、くらしの安定こそが最優先である。人間の顔をした財政システムへと改革し、ナショナルな共通利害、生存・生活の共同戦線を再構築してはじめて、ファシズムのうごきを封じこめることもできる。くらしの保障なき観念論は、平和にとって障害とさえなりうる。

日本におけるポピュリズムはなにを意味するのか

税は強制的に取られるものである。だからこそ、公平な負担と分配をもとめて議会で議論がかわされなければならない。これが「財政民主主義」の基本である。ナチスはこの原則を否定し、都市の低所得層から中間層へと支持を広げるべく国債を乱発する道をえらんだ。

以上との対比において、いま日本で起きつつある左派・リベラル陣営のうごきをどのように考えるべきだろうか。

２０１９年の参議院選挙で躍進した「れいわ新選組」は、「すべての人びと」のくらしの底あげをうったえる。政策の内容はハッキリしないものが多いが、消費税を廃止し、国債に頼りながら、まずしい人たちを中心に現金を配ろうとしているようにみえる。またこの給付はインフレ２%をメドに打ちきり、大企業もふくむ富裕層課税をおこなうことも提案している。

消費税を10%引きさげるとすれば、28兆円の財源不足が生じる。令和２年度の国債発行予定額が33兆円であるから、これが61兆円にはねあがることとなる。為替市場、国債市場がこれにどのような反応をしめすか。おそらくは円、国債の深刻な下落が起きるだろう。

これをもし仮に富裕層への課税でうめるとすれば、１２３７万円超の所得税を50%引きあげ、法人税をさらに40%ほど引きあげる計算となる。これらの大幅な税率引きあげが経済にあたえる影響についても真剣に考えなければならない。

消費税を減税することによって、低所得層の生活がどれくらい楽になるのか、考えてみよう。消費減税によって資金がもどってくるが、実額でみれば、中高所得層のほうがあきらかに多額の税をはらっているため、より多くの資金がゆたかな層に戻ることになる。しかも生活必需品は軽減税率が適用され８%しか還付されないが、ぜいたく品もふくむその他の消費は10%分のお金がもどるから、なおさらである。

そもそもの話だ。２０１９年の「家計調査」を見てみると、全世帯のうち、下位20％の月額消費は13・４万円程度である。軽減税率を無視して、10％の資金が返ってきたと仮定しても、その額は年間で16万円にしかならない。この額で低所得層が将来不安から自由になれるとはとても思えない。

では、「頼りあえる社会」と同じ方向性を借金でめざす場合はどうか。

借金の返済を無視してよければ、消費税が16％になる計算であったが、これらを富裕層への所得税や法人税でまかなうのがムリであることはすでに指摘した。そこで、これらを借金でまわしていくとすると、国債の発行額は毎年度約45兆円となり、これに社会保障以外の国債発行もくわわるから50兆円をこすだろう。ちなみに、現在の国の予算は１０２兆円である。

「現代貨幣理論（Modern Monetary Theory）」によると、いくら通貨を発行しても財政は破たんしないという。しかし、現実にこの規模の国債発行がおこなわれれば、為替や物価にはおおきな影響をあたえずにはおかない。市場は理屈ではなく、心理でうごくからだ。

「現代貨幣理論」あるいはれいわ新選組は、そのときに増税で応じればよいという。

しかし、こうしたムリな財政支出が２％をこえて深刻なインフレをおこす可能性は十分にある。そのとき、将来世代が増税に応じる保障はないし、応じたとしても、彼らは、僕たちの散財によって、インフレと増税を押しつけられることとなる。財政法では「その年度の支出はその年度の収入でまかなう」ことが原則とされている。それは未来の人たちの意思決定をさまたげるのは「非民主的」だと考えるからである。

財政を限りなく膨張させればインフレはおこせるかもしれない。しかし、そのことによって生じるリスクが大きすぎるからこそ、僕たちは負担と給付のバランスを慎重に議論しながら、よりよい社会をめざしてきたのではなかったか。

人間の歴史を見よ。権利章典であれ、独立宣言であれ、人権宣言であれ、人びとが革命をつうじて手にしようとしたのは、税をなくすことではない。税の使いみちを自由に決めることであった。民主主義とは、痛みを分かちあってもなお、この社会を生きる仲間たちの幸福を考える地道なプロセスなのであって、思いつきのバラマキをさすのではない。

そう、ナチスによるファシズムも、ヒトラーの思いつきで生まれたのではない。財政責任を棚あげして金をばらまく人たち、個別政策の食いちがいや恨みつらみで内輪もめする人たち、この両者が数の論理だけで集合をくわだてたとき、彼らこそが歴史の加害者となったのである。

ベーシック・インカムと人間の自由

「頼りあえる社会」の最大のねらいは、近世以来続いてきた「勤労」の重荷から、人びとを解放することにある。より正確にいえば、勤労の美徳は否定する必要はない。だが、勤労してもなお、不安におびえなければならない「成長依存社会」を終わらせることをめざす。

生きていく／くらしていくためのコストを軽減できれば、一定の年収以下でも安心して生きていくことができる。そうすれば、本当に自分のやりたい仕事をやることも、あるいは自分の夢にチャレンジすることも可能になるだろう。

その意味でふれておきたいのが、「ベーシック・インカム（以下、ＢＩ）」である。ＢＩとは、最低限の生活保障のひとつで、すべての個人に一定の現金を給付するというものである。

ＢＩはすべての人びとの生存保障をおこなうことで、人間が余暇と労働を選択する自由、あるいは自分の好きな職業を選択する自由を万人に保障するという発想にたっている。その意味では、「頼りあえる社会」のひとつの方法であるように見えるかもしれない。

だが、「頼りあえる社会」のめざす方向性とＢＩがめざす方向性とは、「すべての人に」という原理は共通しているが、大きなちがいもある。それは、すべての人に給付するのは、医療や介護、教育といった「サービス」なのか、あるいは「お金」なのかというちがいである。

そもそも、なぜ僕はすべての人びとに「サービス」を給付すべきだと考えているのか。それは、すでに指摘したように人間の歴史がそう僕たちにかたりかけているからだ。

農村の共同体では、田植えや稲刈り、水や森、道路の管理、寺子屋などの初等教育、自警や消防、ときには介護でさえ、さまざまな共同作業でおこなってきた。生きること／くらすこととかかわる「共通のサービス」をみんなで満たしあってきたのである。

日清・日露戦争期になると、男性が出兵したため、この共同事業は地方自治体に吸収された。だから、「村落の共同事業」はいまではほとんどが「自治体のしごと」になっている。

では、もしBIを実施するとすれば、いかなる共通のニーズのために全員にくばるのか。あえて考えるとすれば、それは生存という共通のニーズを保障するためであろう。あるいは自由という共通ニーズでもよい。そのためには完全に生存が保障される必要がある。したがって、論理的にはすべての人びとに生活保護相当の給付をおこなう必要がある。もし、そうでなく、月数万円というのであれば、それはただのバラマキである。

では、そのためにどの程度の財源が必要だろうか。

単身世帯の生活保護支給額は平均で月額12万円といわれている。これを全国民に給付する場合、173兆円の予算が必要になる。これを純増税でまかなうとすれば、消費税の税率をいまの10％からさらに62％あげなければならない。

もちろんすでにある社会保障を廃止することで財源はうめられる。現在の現金給付は約63兆円であるからこれをすべて廃止すれば、消費税の上げ幅は39％にまでおさえられる。あるいは医療をのぞくサービス給付をすべて廃止したとしよう。すると34％になる。もし、医療もふくめて全廃すれば、23％の増税ということになる。

ちなみに、ＢＩを実施せず、サービス給付を強化した場合、医療、介護、大学、幼稚園・保育園、障がい者福祉の現在の自己負担は約９・５兆円である。したがって、14％程度にまで消費税を引きあげられれば、現在の自己負担を解消することができる。もちろん、自己負担がなくなれば利用者が増え、かえって費用はかさむ。この点を考慮したうえで、消費税の税率は16％程度だと僕は考えている。僕がＢＩではなく、ベーシック・サービスを提案する理由は実現可能性が高いから、これに尽きる。

右と左の呉越同舟

おどろくほどの税負担が必要になることもあるが、ＢＩにはそれ以前の問題がある。

消費税の62％引きあげが不可能だとすれば、既存の社会保障を廃止するしかない。すると、12万円の所得保障のために、平均的にいってより多くの年金をもらっている人たちの受給額がこの水準までさがってしまう。また、この月額12万円の範囲内でいままでは一部負担ですんだ医療や介護等の費用を全額自分で負担しなければならない。果たしてこのことに人びとは合意するだろうか。

また、ＢＩは極端な所得再分配、つまり中高所得層から低所得層への所得移転である。なぜなら税をまったくはらっていない人も、巨額の税をはらっている人も、同じ給付となるからだ。

このことに国民が合意するとするならば、そもそもなぜ僕たちの社会では、これまで所得格差が広がり、かつ放置されつづけてきたのだろうか。

おそらく中高所得層の大部分は、現金はいらないからその分、自分たちの税金を安くすべきだとうったえるだろう。貧困層には、自助努力、自己責任を説きながら……。

ここがポイントである。BIのめざす社会は究極の自己責任社会となりかねない。

毎月の支給額を日常の生活には使わず、公的サービスのかわりとして貯蓄しつづけられればよいかもしれないが、それができない人たち――それは低所得層かもしれないし、借金をかかえている人、お酒やギャンブルに依存する人かもしれない――が、いざ病気になったり、介護が必要になったりしたときに費用がはらえないということがおこりうる。そのときに社会はさらなる給付をゆるすだろうか。おそらくムリだろう。「もらったお金をムダ遣いしたからだ」という自己責任の論理が幅をきかせるすがたが容易に眼にうかぶ。

いまのところBI推進派にはふたつのグループがある。ひとつは、個人の自由、権利をうったえつつ、格差の是正をもとめる左派グループである。もうひとつは、政府が細かいことに介入せず、お金をわたしきることで、あとは自己責任にゆだねるべきだという新自由主義グループだ。

BIの議論の根底には、いずれのグループであれ、政府への不信、家父長制的なうえからの介入をなくすことが社会的な厚生を高め、人間を自由にするという、強い価値判断が存在している。ここに小さな政府をめざす新自由主義と、歴史的に大きな政府に踏みこみきれなかった、体制批判を旨とする左派の奇妙な共存が生まれる。じつは批判するほうも、されるほうも、結果的には思想の根っこで同じ方向をむいているのだ。

むろんちがいはある。新自由主義を志向する人たちは、企業減税、富裕者減税による景気刺激をうったえた。左派はこれに企業増税や富裕者増税で立ちむかった。だが、自己責任社会のもとでは、所得が増えないかぎり将来不安はなくならない。企業や富裕層への増税が彼らの国外流出をまねくといわれた瞬間、左派の政策は説得力をうしなってしまう。自己責任社会は勤労の美徳をとく社会である。だからこそ、政府を小さくすれば、勤労の機会が増え、将来不安をなくすことができるという新自由主義的な政策と親和的だったのである。

歴史の転換点がさけばれてひさしいが、それはつまり、互酬と再分配のふたつをどのように組みたてなおすのか、政府の果たす役割をどのように再構築していくのかという問いにこたえをだすことがもとめられる時代がきている、ということだ。

僕たちは政府を小さくし、規制をゆるめ、市場原理を活用すればゆたかになれる、将来の不安が解消されると信じてきたが、ついにそのような瞬間はおとずれなかった。「頼りあえる社会」は、そうした新自由主義的な社会、自己責任社会、閉塞するリベラル思想にかわる自由への新たな選択肢である。それは、新自由主義の批判にとどまるものではない。新自由主義的な政策を無効化し、はたらくことの価値を転換するための対抗提案なのである。

終章　自由の条件をかたるときがきた！

敗北した思想の奇妙な勝利

人間が自由な経済活動をおこないさえすれば、その国の経済から、潜在的な力が引きだされる。この、政府を小さくし、介入をおさえれば人間は自由になるという考えかたは、いまだに世界各国で無視できない力を保っている。

経済学者ポール・クルーグマン（1953〜／2008年度ノーベル経済学賞受賞）は、リーマン・ショックを経てもなお、「敗北した思想の奇妙な勝利」、そして「市場原理主義者は完全にまちがっていたにもかかわらず、政治的な場面を以前にもまして完全に支配する」ことがありうると予見した（When Zombies Win, The New York Times, Dec. 19, 2010）。

自由を「介入しないこと」と消極的に定義してしまえば、「介入する」よりも「介入しない」ほうが耳ざわりはいいに決まっている。政府を小さくするときに使われる「ムダをなくす」というメッセージも同じだ。ムダが「いらないこと」を意味する以上、ムダをなくす努力は当然必要にきまっている。こうして、政府の介入を減らし、ムダをなくすべきだという主張は、大勢の人から当たり前のように支持されることとなる。

だが気をつけたい。なぜなら、自由の中身やムダの中身という「質的な問題」に切りかわった瞬間、これらのメッセージは無内容なものになってしまうからだ。

たしかに、税が安くなれば、手もとのお金を自由に使えるようになる。あるいは、税の負担水準をかえなかったとしても、社会保障をベーシック・インカムに切りかえていけば、手にしたお金の使いみちは自由に決められるようになる。

しかし、政府を小さくしたり、現金をわたしきりにしたりしてしまえば、自己責任で生きていく領域は決定的に大きくなる。病気やけが、失業といった不運に直面した瞬間に、僕たちは残りの人生を不安におびえながら生きていくこととなる。人間の生きかたを努力ではなく、運が支配する時代がおとずれる。

たとえば、ベーシック・インカムとして給付されたお金をすべて、将来のそなえではなく、目の前の欲望を満たすために使う人もいるかもしれない。論理的にいって使途は給付された人の自由である。その人数が一人なのか大勢なのかが問題なのではない。そうした「あやまち」を犯した人がごく一部だったとしても、彼らに追加の支援をだすような寛容さを僕たちの社会はうしなっている。不届き者は、自己責任の名のもとに置きざりにされる。そのような恐怖につつまれた社会に自由など存在しない。

保障すること、自由であること

政府のムダ批判でも同じことが起きる。公務員の数が多すぎる、民間企業とくらべて彼らはまじめにはたらいていないという批判はおなじみのものだ。しかし、これほど奇妙な議論はない。生活に必要なサービスを提供する政府の役割と、収益をあげ、お金もうけをめざす民間企業の役割とは、質的にまったくちがうからだ。血統書つきの猫と雑種の犬をくらべ、「あの犬を見習いなさい」と猫に教えさとすことにどんな意味があるのだろう。それは、血統書の有無の問題ではない。それ以前に、両者は別の生きものだと考えるのがふつうの発想ではないか。

政府は互酬や再分配の原理でできている。たとえ収支が赤字になっても、人間の命、くらしのためにサービスを提供する役割をになっている。一方、交換の原理にささえられた企業の目的は、より多くの利潤を手にすることだ。したがって、収支が赤字になれば、サービスの提供を打ちきるのは当然である。次元のちがうふたつの領域をくらべ、公務員の数を減らすイコール効率化と考えるのはあまりにも短絡的である。

そもそもの話をしよう。日本の労働力人口にしめる公務員の割合は先進国で最低だ(Government at a Glance 2017, OECD)。その比率的に見てあきらかに少ない日本の公務員たちが、海外の公務員とくらべて労働生産性が低いという分析を僕は見たことがない。それどころか、海外をたずねたり、くらしたりした個人的な経験からいえば、日本の行政のほうが海外のそれよりもはるかに効率的だとすら感じる。

これにたいし、企業を中心とした日本の国際的な労働生産性の低さは、すでにひろく知られた話だ。実際、ＯＥＣＤ加盟国のなかで日本の就業者一人あたりの労働生産性は、２０１８年には、36カ国中21位という状況である（日本生産性本部「労働生産性の国際比較　2019」）。

僕たちはもっと建設的な議論をはじめるべきだ。同じサービスをもっと効率的に提供するよう政府にもとめていくことは、政府が税を財源とするからには当然のことである。しかし、市場を過度に信頼し、安易に政府支出の削減をもとめるとすれば、それは別の話である。僕たちのくらしのニーズに、安いけれど質の悪いサービスをあてがわれてはたまらない。

政府が、生きるため、くらすためのニーズを保障することと、僕たちの自由の関係についても、もっと正面から論じられていい。財政には所得再分配という重要な機能がある。政府規模を小さくし、所得格差が広がるなかで、本当にまずしい人や障がいのある人もふくめて、人間の自由な生きかたが実現できるのか、当然、議論されてよいはずである。

市場は万能ではない

哲学者ジョナサン・ウルフ（1959～）は、市場について興味ぶかい指摘をおこなっている（ジョナサン・ウルフ『「正しい政策」がないならどうすべきか』）。

社会主義国家における中央計画経済がなぜ失敗したのか。それは、商品やこのみが無数に存在するなかで、各人の要求を政府がつかまえ、それにマッチした商品を提供することができなかったからだ。食料や衣服、住宅を政府があたえるといっても、どんな食料を人びとがほしがり、どんな住居をのぞむかは、人によってまったく異なる。そうした個別のニーズを満たすには、あまりにも国家は無力すぎたとウルフはいう。

では反対に、自由市場では、こうした個別のニーズを満たすことができるだろうか。

ある企業が消費者のニーズを無視して商品を提供しつづけたとしよう。あるいは、お金もうけのために、健康を害するような商品を販売した場合も同じである。それらの企業は、あっというまに市場から淘汰、退出をせまられるだろう。市場参加者が国家よりも「合理的」な判断につとめる以上、個人のニーズを国家よりも適切に満たせる可能性はある。

その一方で、専門的な知識を必要とする長期の資産運用の場合、金融機関などの仲介者は、手数料を中心とする自分の利益を追いもとめ、消費者の長期的な損失には目もくれないかもしれない。リーマン・ショックを思いだそう。少なからぬ経営者が「合理的」に目の前の利益を最大化し、自分が退職したあとの市場や経済のゆくすえなど微塵も考えていなかった事実は、しばしば僕たちが見聞きしてきたところだ。

自己利益の追求という市場参加者の動機は、ときには人びとのニーズをうまく満たすが、ときには社会を破滅に追いやるかもしれない。いわば、自由市場が機能するには「条件」が必要なのであって、そうした条件を検討せずに、市場に一方的な信頼を寄せるのはまちがいどころか、危険でさえある。そしてまさに、このあやまちのうえに新自由主義は成りたっていた。

もちろん、市場参加者がいくら「合理的」な存在だとはいえ、ときに非効率で、まちがった判断をすることは、市場原理を信奉する人たちでさえ理解していた。この事実は、新自由主義を批判する人たちがしばしば見のがしてしまう点だ。

市場原理主義の代表格であるフリードリヒ・ハイエクは、集団の行動によってしか満たせない共通のニーズがあること、生存の最低限度を保障するのは市場の外であること、そして、それらを有効に提供できるのが政府であることをみとめていた（フリードリヒ・ハイエク『自由の条件』）。

序章で取りあげたフリードマンもまた、政府が温情的に振るまい、介入してくることは好ましくないものの、残念ながら、そうした温情的な措置は避けられないことをみとめていた（フリードマン『資本主義と自由』）。市場の機能には限界があり、政府による補完が必要になることは、彼らでさえわかっていたのだ。

国家は必要悪ではなく、必要である

だが、それでもなお、経済学者ハジュン・チャン（1963～）は、市場と自由をむすびつける彼らの議論の前提をするどく批判する。「合理的」な個人といっても、そもそも自分の行動が「合理的」かどうか、その判断すら人間はできないと彼はいう（ハジュン・チャン『世界経済を破綻させる23の嘘』)。人間は「合理的」だけれども、ときどき市場で失敗をおかす、その補完のために政府が必要だという説明は、前提からしておかしいというわけだ。

チャンは、ハーバート・サイモンの理論を引用しながら、こう指摘する。チェス・ゲームには10の１２０乗の手があり、それらをすべて認識し、「合理的」な選択をおこなうのは、人間の知的能力では不可能である。だから、チェスの指し手は、その無限にちかい選択肢のなかから経験則によって不要な手数をできるだけ除き、かぎられた手数のなかで次の一手を考えている。

人間をこのような存在だと理解すれば、政府による規制は「必要悪」ではなく、「当然必要なもの」へと姿をかえる。その理由は政府が市場についてくわしいからではない。彼らが規制によって無限にある選択肢を制限しなければ、人間は理にかなった、意味のある選択をおこなえなくなってしまうからだ。

僕たちは大きな勘ちがいをしてきたのではないだろうか。１８９１年に出されたローマ教皇の回勅《かいちょく》「新しきことがらについて」の副題は「資本主義の弊害と社会主義の幻想」だった。１９９１年にはこれが修正され、「社会主義の弊害と資本主義の幻想」へと変更された。つまり教皇が問題としているのは、行きすぎた資本主義は、行きすぎた集団主義、すなわち社会主義と同じように問題があるということだ。

人間は自由であるべきだ、という。だが、考えてみよう。完全な自由があたえられたとき、あなたはどう振るまうだろうか。政府の規制がなく、個々人が個々人のあやまった合理性にしたがって、非合理的に行動する状況が生まれてしまうだけではないのか。あるいは、なすすべもなく、他者の行動を模倣し、全員が同じような行動をとるだけなのではないか。

株価の上昇がつづくと、だれもが一様に株を買いあさり、その結果、理論価格から逸脱した、あまりにも理にそぐわない価格がうまれる。そして、バブルがはじけ、株価暴落の局面に突入すると、今度はみながいっせいに資産の売却に走りだす。自由なはずの人間の行動は、不合理になり、多様どころかワンパターンになる。

そして、想像を超える価格の下落は、多くの人の命とくらしを破滅に追いこみ、この社会にふかい傷と絶望をもたらす。このだれもが知る事実にこそ、市場にまかせきりで、自由の条件を考えない、そんな知の怠慢がもたらす当たり前の帰結がある。

信頼できない政府

問題は、僕たちの市場への過信、安易な依存だけではない。政府もまた、僕たちから誤解され、うたがわれてもしかたのないような制度をつくってしまった。

『国際社会調査プログラム』の「政府の役割についての国際比較調査２０１６（Role of

Government, 2016)」に、「国会議員は、選挙中の公約を守ろうと努力している」「国家公務員の大部分は、国のために最善を尽くしている」という問いにたいし、「そう思う」「どちらかといえばそう思う」と回答した人の割合は、35カ国中32位、27位である。『世界価値観調査』のWave6でも同じような質問があり、「政府をどの程度信頼しますか」という問いに「非常に」「かなり」と答えた人の割合は、60カ国中51位という低さだ。

いちいちあげないが、これに類する結果は非常に多く、日本の人びとは、政府が公平に接してくれない、正しいことをしていないと感じている。実際は、市場だって一部の人たちにコントロールされているかもしれないし、その人たちが信頼できるかどうかはわからない。しかし、市場は実態が見えにくいのにたいして、政府は民主主義をつうじて実際に目にすることができる。信用できない政府に政策をまかせるくらいなら、市場の効率性を信じたほうがましだということなのかもしれない。

だが、ここで問われている「正しさ」や「公平さ」、これらをひとまず「公正さ」と呼ぶとすれば、それはいったいなにを意味しているのだろう。

人間は、基本的に、他者からみとめられたい、他の人と等しくあつかわれたいと考える存在だ。たとえば、他者と同じことをしているのに、自分が他者と同じように評価されないとき、あるいは、他者よりもあきらかに努力をしているのに、自分よりも努力していない人が手厚い処遇をうけるとき、だれだって不満を持つにきまっている。

こうした見かたの起源は古代ギリシャの哲学者アリストテレスにまで遡ることができる。アリストテレスは、「不均等なひと」を「不正なひと」と呼び、こうつづける。「均等なひとびとが均等ならぬものを、ないしは均等ならぬひとびとが均等なものを取得したり配分されたりすることがあれば、そこに闘争や悶着が生ずる」、と（アリストテレス『ニコマコス倫理学（上）』）。

だれにどのように分配するか。これは、社会の公正さを考えるうえで非常に重要なポイントである。では、政府の経済活動をコントロールしている財政を見た場合、日本財政の利益分配は、こうした公正さの基準にどれくらいあてはまっているのだろうか。

「所得制限」が生む不公正さと社会の分断

財政では、基本的に、収入から経費を引いた「課税所得」が同じ人は、同じ水準のサービスを受けることができる。つまり、同じ課税所得の人は同じ給付だ、という意味では、公正さが維持されていることになる。

同時に、まずしい人と裕福な人、あきらかに均等ではないふたつの立場がある場合、まずしい人には相対的に手厚い給付をするという意味で、均等ではない人を均等にあつかわないという原則にもあてはまっている。

だが、後者を成立させるためには、所得制限の線を引かなければならない。そして、この線引きがあちこちに存在しているのが日本の財政である。

線引きをした瞬間に、受益者と負担者という新しい区別が生まれる。たとえば住民税が非課税の世帯の人たちは、大学の授業料が無料になる。所得の少ない人たちはタダになり、所得の多い人たちは有料になる。そして、低所得層のくらしを支えるために、納税者は負担者として位置づけられることとなる。たとえ、それが基準線をわずかにこえる所得であっても。

注意しよう。本当は住民税課税世帯にも税は使われている。だからこそ、大学の授業料はこの程度の金額ですんでいるのだ。しかし、だれかがタダになっていると聞けば、自分はその人たちのために税を取られているという疑念がどうしても生まれてしまう。

しかも、現実には、僕たちは他者の所得を知ることができない。あるいは住民税が課税される／されないの境界線付近の人たちは、大きなあつかいのちがいを感じるだろう。そのとたんに、「自分だってあの人たちと同じくらいがんばっているし、同じくらい生活がきびしいのに、なぜ彼らだけお金やサービスをもらえるのか」という不信感が生まれる。

それだけではない。まずしい人を特別にあつかうことと、がんばった人を特別あつかいすることとは、どこがちがうのだろうか。前者を優先させれば公正な社会になるのだろうか。

アリストテレスは、そうは考えなかった。彼は、前者を矯正的な正義、後者を配分的正義と呼び、ともに正義だと考えた。

みなさんだってそうだろう。「汗をかいた人が報われる社会」を悪い社会だという人はいない。2倍努力した人が2倍の利益をえたからといってそれを不当だということはできない。正義はそもそも複数存在している。格差是正のみが正義なのではないのである。

そうであるにもかかわらず、「報われた人びと」は、累進的な税制によって低所得層よりも多額の税をとられ、給付面では、まずしい人たちよりわずかな給付しかもらえない。問題はこの状況を彼らが公正だと考えるかどうか、である。

とりわけ1990年代の後半から富裕層もふくめ、所得が長期間にわたって低下、停滞するようになった。第6章で論じたように、多くの人たちは、まずしい人たちにたいして、「自助努力が足りないからまずしさから抜けだせないのだ」「俺も生まれはまずしかったが、人一倍努力していまの地位をきずいたのだ」と批判を強めつつある。本当は、所得の格差が努力の結果であることなど証明不可能であるにもかかわらず、である。

財政は、うまく制度をつくらなければ、「汗をかいた人びと」から見たとき、理不尽な「剥奪」の制度となる。だからこそ、受益者への疑心暗鬼、公正なあつかいをしない政府へのいらだちが強まる。ここに新自由主義が付けいるスキが生まれる。政府を小さくし、僕たちのくらしへの介入を少なくすれば人間は自由になるという言説が、人びととの共感を呼びさます。新自由主義が席巻した時代とは、ことさらに「汗をかいた人が報われる」ことの大切さが強調された時代でもあった。

このように、所得制限は、さまざまな政治対立を生みだす原因となっている。日本の予算は、義務教育、外交、安全保障をのぞき、ほとんどが低所得層や障がい者、ひとり親世帯などの「だれかの利益」でできている。そして大半の給付には、所得制限という自助努力、自己責任の象徴である分断線が網の目のようにこまかく引かれている。受益者を限定すれば安あがりではある。だが、こうした制度設計そのものが、政府の公正さへの強い反発を生みだし、社会の分断を加速させるのである。

保障の先にあるもの

「均等な人びとに均等なものを配分する」ことと、「均等ならぬ人びとに均等ならぬものを配分する」こと、それぞれを個別に考えるのではなく、両者の関係をどう切りむすぶかが問われている。僕が「頼りあえる社会」をうったえたのは、こうした問題意識から出発していた。

第5章では、消費税を軸に全員が痛みを分かちあいつつ、一定以上の収入や資産を持つ富裕層や大企業への課税でこれを補完すること、以上を財源として、すべての人びとに医療や介護、子育て、教育、障がい者福祉などのベーシック・サービスを提供すること、すなわち「ライフ・セキュリティ」という考えかたを提案した。

この提案では、「均等な人びと」というときに、「人間らしい生」という共通点に着目し、すべての人たちを受益者として等しくあつかう。人間ならばだれもが必要とする／必要としうるベーシック・サービスを、すべての人びとに均等に配分することをめざす。これが「尊厳ある生活保障」である。

他方、社会的、経済的条件によって、他者と均等になれない人びとにたいしては、富裕な人より少ない税負担を、富裕な人より相対的に手厚い保障を提供することをめざす。消費税とともに富裕層や大企業への課税を強化し、生活扶助、住宅手当、職業教育・職業訓練も充実させる。これらを僕は「品位ある命の保障」と呼んだ。

以上の政策パッケージのもとでは、ベーシック・サービスの提供により、低所得層もふくめた幅ひろい人びとの基礎的な生活が保障される。つまり、低所得層だけではなく、中高所得層も受益者となる。また、課税面では、消費税を軸とすることで、低所得層も痛みをわかちあうことになる。結果的に、中高所得層の低所得層への疑心暗鬼や政府へのいらだちをやわらげることができるようになる。いわば、所得制限による社会的な分断をさけながら、他者に寛容でいられるための社会的な条件をととのえることをめざすのである。

これまでに論じてきたのは、税と給付の関係、すなわち公共部門の経済活動と定義される財政をつくりかえることによって社会不安をやわらげていくという方向性である。

こうした方向性は、個人主義化、価値の多様化がすすみ、政府が個別のニーズに対応することができなくなっている現実を念頭においている。だからこそ、個別のニーズではなく、ベーシック・サービスという共通のニーズに焦点をあわせたのである。

しかしこれで終わりではない。

最低限度の生存や生活が保障されることと、一人ひとりの人間が「よりよい生」のありかたを想像できる自由がまもられることとのあいだには、大きな差がある。人びとに共通するニーズ、税で保障される領域だけではなく、それぞれのこまりごと、個人的なニーズをどのように満たしていくのかは、ライフ・セキュリティの先にある大切な問題である。

「公・共・私のベストミックス」

変化のきざしはすでに日本のあちこちで見うけられる。たとえば、多くの成果をあげつつある「地域おこし協力隊」は、人口減少地域で個別のニーズを満たすための取りくみである。

また、見まもり介護や買いもの支援、さらには高齢者の住みかえ支援など、「私」にあたる企業や「公」と「私」のあいだにあるNPOや自治会、社会福祉協議会などの中間団体＝「共」がこれにくわわりながら、地域のニーズを公・共・私が一体となって充足する動きが全国であらわれはじめている。

これらのうごきを「公・共・私のベストミックス」と僕は呼ぶ。きわめて多様になっている個別のニーズを政府によるサービス給付だけで満たすことはむつかしい。したがって、「公」が共通のニーズを満たしていくのと同時に、「共」や「私」の領域とつながりを強め、個別のニーズ、別言すれば一人ひとりの「こまりごと」をどのように解消するかもあわせて検討されなければならない。

そこで注目されるのが、ソーシャルワーク／ソーシャルワーカーである（井手英策ほか『ソーシャルワーカー』）。ソーシャルワーカー（SW）をせまく定義すれば、社会福祉士、精神保健福祉士の資格を持つ人たち、ということになる。だが、国際ソーシャルワーカー連盟の以下の定義を見ればわかるように、SWにもとめられているのは、たんなる福祉やサービスの提供者としての役割ではない。


「ソーシャルワークは、社会の変化、開発、つながり、そして人びとのエンパワメントと解放、これらを促進するような、実践をベースとした専門職であり、学問分野である。ソーシャルワークの中心となるのは、社会正義、人権、集団的な責任、および多様性の尊重といった諸原則である。ソーシャルワーク、社会科学、人文学、そして地域や民族に固有の知からなる諸理論を土台としながら、暮らしの課題に取り組み、幸福や健康といったウェルビーングを高めるべく、人びとやさまざまな構造に働きかける」

ソーシャルワークの核心は、個別の「こまりごと」にたいして、それを発生させている「環境」それ自身を変革していくことにある。またその「こまりごと」は、かならずしも低所得層の生活困難にかぎられるものではなく、介護や子育て、教育など、所得の多寡とは関係なく生じうる個別の案件と向きあうのがSWの第一の任務である。

ソーシャルワーカーという希望

いささか抽象的なので、具体的な事例にもとづいて考えてみよう。

金銭的にはまったく問題のない、ある共稼ぎ世帯について考える。親がメンタルヘルスに課題をかかえている家庭で子どもが不登校になったという事例である。自治体関係者が考えるとすれば、子どもをケアするために、スクールSWやカウンセラーによる面談がすぐに頭に浮かぶだろう。だが残念ながら、いくら専門家とは言え、国の施策によって週に数時間程度しか勤務できない人が子どもと何度か面談することで問題が解決するかと問われるならば、答えは否である。

まず、親がメンタルヘルスに問題をかかえこんだことと、子どもが不登校になったこととは、関係があるのか。もし、関係があったとすれば、子どもの不登校を改善するためには、親のメンタルヘルスの改善をめざしてアウトリーチ（積極的に現場に出むくこと）しなければ事態は改善しない。

ただし、メンタルヘルスの課題と一言でいうものの、その背景には、職場の人間関係、労働環境のきびしさ、夫婦間のトラブル、親の介護、持病など、数えきれない「こまりごと」が存在している。それゆえ、問題を一つひとつひもとき、その改善のためにどの行政の機関や制度を利用すればよいのか、あるいはどのＮＰＯ、地域にある中間団体に支援をもとめればよいのかを考えなければならなくなる。

もし、親のメンタルヘルスと子どもの不登校に関係がなかったとすれば、勉強のおくれ、友人や先生といった周囲の環境、子どものかかえた障がい等、ここでも数えきれないような「こまりごと」があるにちがいない。そしてここでも同様に、地域の人的な資源や制度を発掘・活用しながら、課題の解決をめざしていかなければならないだろう。

ここでかさねて強調しておきたいのは、ＳＷはたんなる福祉の専門職でもなければ、彼女／彼らの専門性だけで課題解決できる「超人」でもないということである。

一人ひとりの「こまりごと」にアプローチしようと思えば、さまざまな情報を共有しなければならない。そのためには自治会や行政、SW間の連携が欠かせない。SWの配置は福祉関連部局ではなく、地域・コミュニティ政策関連部局のほうがのぞましい場合もあるだろう。

また、たとえば子どもの発達障がいのように、福祉と教育のはざまの問題であれば、SWどうしの連携が必要になる。彼らが情報を共有しあう場をつくることはもちろん、そこでの課題、個別のニーズを地方自治体が吸いあげるための場ももとめられるし、さらにはこれを国の施策に反映させていく努力も必要である。

このように考えると、保障の先にある問題、すなわち「よりよい生」を追求する人間の自由という問題を解決するカギは、じつは「地方自治」だ、ということになる。

ただし、ライフ・セキュリティのための財源はもちろん、東京一極集中や少子高齢化によってコミュニティ機能が弱まりつつある現状から出発すれば、SWの配置や情報共有の場をつくるといった「公共部門の責任」をふくめてこそ、「公・共・私のベストミックス」は成りたつことに注意をうながしておこう。

承認欲求と自由

人間の基礎的な生存・生活保障、そして「よりよい生」を追いもとめる自由、これらが形づくる「頼りあえる社会」のベースにあるのは、人間である以上は、すべての人が他者から承認されたと感じられなければならないという信念である。

政治哲学者アクセル・ホネット（1949〜）は、人間の「承認欲求」を3つの領域に分類した（アクセル・ホネット『承認をめぐる闘争』）。

ひとつめは、「愛」「ケア」の領域である。この領域では、家族や友人の関係にみられるように、おたがいの欲求やニーズをみとめあい、たがいが依存しあうなかで、それぞれが個別のニーズを持った存在として承認されなければならない。

ふたつめは、「法」の領域である。すべての個人が法のもとで平等にあつかわれ、他者と同じように責任能力を持つことで、自分を道徳的に責任ある自由な人格とみなせるようになる。不当な差別を受けていないということは、他者からの承認の前提となる。

3つめは、「連帯」の領域である。この領域では、業績や能力を他者から評価され、自分が社会的に価値を持つと感じることのできる経験とかかわっている。相互の評価は、他者にたいする感受性をはぐくみ、他者のうったえを受けとめる寛容さ、いわば連帯の土台となる。

繰りかえし論じてきたように、「頼りあえる社会」では、財政を起点として、社会の互酬や再分配の関係をつくりかえる。人びとの共通のニーズ、そして個別の「こまりごと」を「ケア＝気にかける」ことのできる社会をめざす。

また、人間を徹底してひとしく取りあつかう。たとえ低所得層であれ納税という社会的責任をはたし、一方、ライフ・セキュリティをつうじて、救済される領域を最小化しつつ、品位ある命の保障でこれを補完し、だれもが誇りを持って人間らしく生きていく権利をみとめる。

以上は、公正な競争の土台をつくり、他者からの正当な評価を手にいれるための出発点となる。つまり、「頼りあえる社会」がめざすのは、承認欲求を満たしあう社会、おたがいがおたがいの存在を認めあう社会なのである。

むろん、「汗をかいた人が報われる」ことは大切である。それを否定する必要はいっさいない。だが僕たちは、「人びとがともに汗をかく」領域を切りひらき、人間が自由に生きていくための条件を考える。「汗をかこうにもかくことのできない人たち」への想像力と一人ひとりの幸福の調和――いわば、社会全体の幸福と個人の幸福の一致こそが、「頼りあえる社会」のめざすゴールである。

政治哲学者ハンナ・アーレント（1906〜1975）はこう述べた。

「自由であるためには、人は、生命の必要から自ら自身を解放していなければならない。しかし、自由であるという状態は解放の作用から自動的に帰結するものではない。自由は、たんなる解放に加えて、同じ状態にいる他者と共にあることを必要とし、さらに、他者と出会うための共通の公的空間、いいかえれば、自由人誰もが言葉と行ないによって立ち現われうる政治的に組織された世界を必要とした」（ハンナ・アーレント『過去と未来の間』）

生きる、くらすための「必要（ニーズ）」から人間を解放する。そして、運や不運が生きかた、命のありかた、そして「欲望の経済」での勝者を決定する「経済の時代」を終わらせ、だれもが人間らしく生きる権利を手にいれる。自治の力をはぐくみ、人と人とがつながりあい、ケアしあう。「頼りあえる社会」は民主主義がつくりだすものであるのと同時に、民主主義を形づくる財政や自治のありかたを変え、連帯の土台をはぐくむための社会構想なのである。

合理性の再定義

僕たちがめざす社会は「合理性」についても再定義をせまる。

愛知県の扶桑町《ふそうちょう》は、人口3万5000人たらずの小さな町である。この町を例にふたつの給付を見てみよう。

麻生太郎政権期の2009年に「定額給付金」という政策がおこなわれた。これは、景気の後退を背景とするもので、住民への生活支援、地域の経済対策として実施されたものである。給付額は1万2000円、65歳以上の者、18歳以下の者には2万円が支給された。

一方、第二次安倍晋三政権では「臨時福祉給付金」という政策がおこなわれている。こちらは、2014年4月の消費税率の引きあげによる影響をやわらげるため、低所得層にたいして、臨時措置として支給したものだ。給付額は1万円からはじまり、6000円、3000円へと額は減らされていった。

お気づきだろうか、両者には決定的なちがいがある。それは、前者が所得制限なしで全員を受益者としたのにたいし、後者は、所得制限をつけ、低所得層に受益者を限定した点である。このちがいは行政の効率性に大きな影響をあたえることとなった。

扶桑町の決算をもとにこのふたつの事業にかかった経費を比較してみよう。

定額給付金（2009年度）では、約5億1000万円の給付があり、受給率は世帯ベースで98・5％、かかった事務費は1540万円であった。一方、臨時福祉給付金（2014～16年度）は、約7100万円の給付があり、受給率は3カ年度の平均で67％、事務費は約3290万円であった。

注目してほしいのは、所得制限をつけたことによって、所得審査というあらたな行政需要がうまれてしまった点である。これに対応するためには人手が必要であり、職員時間外手当にくわえて、派遣業務委託料をしはらうこととなった。その結果、臨時福祉給付金では、給付額は定額給付金の7分の1以下であるのに、事務費は2倍以上かかってしまったのである。

所得制限をなくし、受給者を増やしているので、支出の総額は増える。もちろん、その分、税負担も増える。だがそれは、ベーシック・サービスに対する自己負担が減るという意味で単純な負担増にはならない。自己責任でおこなっていた将来へのそなえ、貯蓄が税による保障に置きかえられるのである。

反対に、所得制限を強化すれば、税は減る。しかし、その分、自己負担は増えざるをえないし、社会の分断は加速され、中間層もふくめた人びとの将来不安は改善されない。それどころか、一部の弱者のための不必要な事務コスト＝監視コストが発生する。

ポイントは、「頼りあえる社会」がすべての人びとの「生」を保障し、社会の分断を阻止することの結果として、所得審査の領域が小さくなり、膨大な予算が節約されるということだ。

地方自治体の行政サービスにはいたるところに所得審査が入りこみ、これが事務量を膨大なものとしてしまっている。税をつうじて保障機能を強化していけば、所得審査が不要となり人手を減らすことができる。その人員を適切に配置しなおせば、その他のサービスの質が向上する。さらには、サービスの充実は医師や看護師、介護福祉士、教員などの雇用を生む。このことが多くの納税者をつくりだし、税収を生みだす点も見のがせない。

公務員をたたき、人員削減に血道をあげ、サービスの質を劣化させるのではなく、社会の分断を阻止しながら、将来不安を取りのぞき、行政の効率化を実現する。新自由主義への対抗軸をしめすこと、これ以上の新自由主義批判は存在しない。

「プロリベラル」の条件

いよいよ本書の終わりが近づいてきた。

この本では、新自由主義がどのように僕たちの社会に浸透してきたのかをたどり、経済とは、財政とはなにかというラディカル（＝根源的）な問いに立ちもどりながら、新自由主義的な政策の限界、きたるべき社会の可能性について論じてきた。

新自由主義批判の急先鋒は「リベラル」である。だが、日本の「リベラル」はいま、思想的にも、政治的にも危機に直面している。

時代は人口減少と経済成長の停滞を基調とする「縮減の世紀」に突入した。変革の時代に型通りの批判を繰りかえしても無意味だ。いまこそリベラルは、たんなるバラマキではなく、誤まれる自由を喧伝する人たちに対抗する、新しい社会ビジョンをしめすべきときである。

本書、最後の提案は、弱者の自由の条件をかたる、旧来型の「レトロリベラル（retro-liberal）」から、すべての人たちの自由の条件をかたる、未来志向の「プロリベラル（prospective-liberal）」へとリベラルの思想を転換することである。それは、繰りかえし述べたように、「批判」を目的化するのではなく、新自由主義を「無効化」するための戦略である。

これまでに述べてきた議論をもとに、プロリベラルの指針を図式的にしめしておこう。

（1）「自己責任」→「満たしあい」

プロリベラルは、格差是正や弱者支援を第一義的な目的とはしない。経済成長によって自己責任で生き、一部の弱者を救済すればよい時代は終わった。ベーシック・サービスをつうじたすべての人びとの「尊厳ある生活保障」を柱に「品位ある命の保障」を組みあわせ、人間が生きていく、くらしていくうえで、みなが必要とする／必要としうるニーズをたがいに満たしあう時代をたぐりよせる。「だれかを救う社会」から「ともに生きる社会」への転換をはかる。

（2）「勧善懲悪」→「痛みの分かちあい」

嫉妬の情から富裕層や大企業をねらい撃ちにし、税負担を彼らに押しつけるだけでは、公正な社会は実現しない。消費税をつうじて所得の少ない人たちも負担するからこそ、貧困層は救済の対象から権利を行使する主体にかわる。同時に、彼らが税を負担する社会では、不労所得によってうるおっている富裕層にも応分の負担をもとめる権利を持つ。また、教育投資をつうじて技術開発や労働者の質の向上を実現し、その恩恵にあずかる企業に応分の負担をもとめる権利も持つ。痛みの分かちあいによって、税を取られるものから、連帯の象徴へとかえていく。

（3）「官対民」から「公・共・私のベストミックス」へ

危機の時代に対立をあおりたてることは、社会的に多くの損失を生む。むしろ21世紀はニーズのための総力戦の時代となる。政府は税をつうじて公的な財政責任をはたす一方、地域のなかに存在するさまざまな主体・担い手と連携しながら、地域課題の解決にのりだす。そのさい、それぞれの主体・担い手をつなぎあわせる「接着剤」のような役割をはたす「ソーシャルワーカー」の活用が不可欠である。ライフ・セキュリティの先にある、「よりよい生」を追いもとめる自由をすべての人たちが手にできなければならない。

（4）「経済の効率化」→「社会の効率化」

経済の効率性を唯一の基準であるかのごとくさけび、規制緩和や支出削減で政府を切りきざみながら財政再建や経済成長を実現しようとするモデルは終わりをつげる。ライフ・セキュリティをつうじて痛税感をやわらげ、財政再建に不可欠な増税の実現可能性を高める。さらには、社会的分断を阻止し、行政サービスの質を高め、疑心暗鬼を相互信頼にかえていく。以上をつうじて、課題を自ら効率的に修復する自治能力、社会の効率性を高めていく。

（5）「欲望の経済」→「人間の顔をした経済」

経済成長を自己目的化し、その実現のために、人間に非人間的な労働を強いることを僕たちはみとめない。互酬と再分配という経済の基本機能を再構築することで、経済成長に依存した社会を終わらせる。将来不安から人びとを解きはなつことで、苦痛に満ちた労働から人びとは自由になる。経済は人間を幸福にするための「目的」から「手段」のひとつへとすがたをかえる一方、金融機関に塩づけになっている資金を税をつうじて引きだし、サービス給付にもちいることで、結果的に経済の成長トレンドを底あげする。

「ホモ・パティエンス」のための政策を

１９３５年にアメリカで社会保障法（Social Security Act）が制定され、社会保障ということばが世界中に広がっていった。しかし、女性の就労がすすみ、専業主婦に頼りきることは不可能な時代にかわった。少子高齢化や経済のグローバル化によって、かつてのような経済成長も期待できなくなった。歴史はいま、あきらかにあらたな局面へとさしかかりつつある。

僕たちはいま、経済成長至上主義と決別し、「命とくらしの保障」と「よりよい生の追求」という、人間の自由の条件をかたりあう、新しい地平に立っている。

自由に生きるためには、自らの生きかたを自らの意志にもとづいて決定できなければならない。また、よりよい生のありかたを考え、それをもとめ、実現できる可能性がすべての人たちにひらかれていなければならない。

勤労と倹約をベースに自己責任で将来不安にそなえなければならなかった社会では、経済成長は不可欠の前提だった。だから、バブル崩壊後、減税や公共投資だけではかつてのような成長を実現できないと気づいたとき、成長をほのめかす目新しいロジックに、人びとはためらいもせず飛びついた。

いま、ブレグジット、トランプ米大統領の登場によって、保守的で、自己防衛的な言説が広がりを見せているが、それに警戒する人たちは、「自由」で「リベラル」な社会や国際秩序を当然の正義のようにかたってはいないか。

気をつけよう。新自由主義をすすんで受けいれたこの社会のありよう、人びとの発想、物の見かたがかわらないとすれば、ふたたび僕たちの自由を傷つけるような改革案が、人間の自由の名のもとに公然とかたられるかもしれない。

新自由主義の前提は「合理的な存在としての人間」だった。人間は「合理的」だからこそ、彼らの自由にまかせれば、何もかもがうまくいくと考えられた。

しかし、その人の合理性の基準、つまりなにを喜びと感じ、なにを選びとるのかという個人の好み、価値観は、社会のなか、他者との関係のなかでしか形づくられない。だからこそ、人間の偉大なる才能や能力が自由に発揮されるよう、社会のあらたな見取り図をしめし、「合理的」な選択が「のぞましい結果」にむすびつくよう、僕たちは知恵を出しあわねばならない。

最後に、僕の尊敬する精神科医であり哲学者でもあるヴィクトール・フランクル（1905〜1997）のことばを引用しよう。

「知性人《ホモ・サピエンス》に対して苦悩人《ホモ・パティエンス》を対置させたいと思います……苦悩を引き受けること、運命を肯定すること、運命に対して態度をとることが大切なのです。この道を歩んでこそ、私たちは真理に近づき、真理の近くに来るのです。それは、この道を歩んでこそできることであって、苦悩を恐れ苦悩から逃げる道をとってはできないことなのです」（ヴィクトール・フランクル『苦悩する人間』）

人間は合理的な存在だからこそ、ズルをし、タダ乗りをし、人を出しぬくという人たちがいる。それなら僕は、「苦悩する存在」として人間をえがこう。一部のタダ乗りを理由に、苦悩するその他の大部分の人たちの幸福を犠牲にするのが人間の知恵であろうはずがない。心なき人たちの不正、それへの対処は、重要ではあっても、本質ではない。

過去の自分にしばられれば、それぞれの立場の説明や失敗の釈明におわれる。だが、共通の課題に思いをはせ、今日よりもすばらしい明日を想像したとき、僕たちは偉大な協力の連鎖を生みだすことを、財政、そして人類の歴史は証明している。

希望への曙光を照らしだすのは、人間の苦悩という灯火である。その小さな光がひとつになり、すべての仲間の幸福をねがう社会への道をたぐりよせたとき、僕たちは誇り高き国の民となる。そう、誇り、国を愛する気持ちはあるものではない。苦悩のはてに自分たち自身でつくりだすものなのである。

おわりに

株価の歴史的な暴落ののち、空前のバブル景気がとうとう終わりを告げた1991年、僕がいまだに聞きつづけている、ある一枚のアルバムが発売された。それはチェッカーズの『I HAVE A DREAM』だ。

悲しいけれど、いまの若い人たちにはわからないだろう。チェッカーズは、僕とおなじ福岡県久留米市を故郷とするバンドだ。彼らはアイドルとして知られ、解散までその立ち位置をくずすことはなかった。だが、ことアルバムにかんしては、メッセージ性の強い曲がたくさん収められていて、そこが僕はたまらなく好きだった。

タイトルと同名の曲、「I have a dream #1」では、人間の自由が高らかに謳いあげられている。

彼らはこうかたりかける。もしも僕がちがう国に生まれ、ちがう肌の色で、ちがう神を信じ、君と出会ったとしたらどうだろう、と。そして、差異の壁を乗りこえようとする人間の力に希望を託すように、彼らはこう祈る。

君と僕が　自由に愛し合えますように

バブルの崩壊とともに歌いあげられた彼らの祈りもむなしく、僕たちの国は、まるで反対の方向にむかって突きすすんでいった。

失われた10年と呼ばれた1990年代は過去の記憶となり、失われた20年、30年へといたずらに時は重ねられていった。そして、所得は減り、格差が広がり、社会的な価値や目的を共有できない、いや共有しようとさえしない、引き裂かれた社会が生みだされた。

このすさんだ社会を生みだしたエンジン、もっと正直に言えば、罪深き思想、それが僕にとっての「新自由主義」だった。

格差社会が問題となった小泉政権末期の2006年、恩師の神野直彦先生、そして同門の仲間たちと『希望の構想』という本を書いた。来たるべき時代の財政を構想する著作で、僕が研究者になって、はじめて世に問うた政策提言の書でもあった。

僕たちは新自由主義をきびしく論断した。自画自賛ほど見苦しいものはないが、この本のなかにしめされた提案の数々は、いまでも輝きをうしなっていないと思う。

だが、当時起きていたことの本質には、まったく切りこめていなかった。新自由主義とはそもそもどんな起源を持つ思想なのか。左派やリベラルがきびしく批判し、僕たちも誤れる思想とみなした新自由主義が、なぜかくも人びとを魅了したのか。そんな根源的な問いは棚あげのままだった。

それだけではない。自分たちの提言は、人間の自由といったいどう関係しているのか。自由をかたる人たちを批判しながら、この重要な問いから逃げていたことも悔やんでいた。人間にとって自由とは至高のことばのひとつだ。リベラルを名乗る人たちだけではなく、保守的な人たちであろうと、支配者、権力者であろうと、すべての人たちが自由の価値をかたらずにはいられない。

だが、自由が説得のことばに堕し、人びとの共感や支持を引きだすための手段に貶められたとき、自由ということばは支配の道具になる。耳ざわりのよさとは反対に、僕たちの自由はかならず蹂躙される。ここに僕の問題意識、いや、強い危機感がある。

自由主義の終焉がささやかれる時代がおとずれた。いまこそ気をつけよう。社会主義やファシズムの指導者たちもまた、自由ということばをたくみに利用していた。自由を破滅させる者でさえ、自由ということばからは決して逃れられないのだ。

新自由主義ということばをあえて引きずりだしたのは、自由ということばがいかに大切であり、また危険であるかをたしかめたかったからだ。自由の名のもとに力が言論を支配し、多くの人びとが絶望の淵に追いやられ、力あるものの繁栄だけがもたらされた歴史のあやまちを、僕たちは二度と繰りかえしてはならない。

僕の愛した「I have a dream #1」には、願いと同時に希望も込められていた。

昨日を変えることなど　誰にも出来はしないけれど
明日を夢見ることは　誰にだって出来るから
今日より素晴らしい　明日を

政府を小さくすれば経済が成長し、富がまずしい人たちへとしたたり落ちるとさけばれた時代があった。不幸な過去を変えることはだれにもできない。だけどその失敗にまなび、よりよい未来を構想する自由は僕たちの手のなかにあるべきだ。そんな社会は、僕たちがその気になれば、つくることができる。きっとできる。

この思い、確信は、河井好見さんが僕の住む小田原を訪ねてくださったことでかたちになった。kotobaという季刊誌での2年間の連載を頼まれたのがはじまりだ。

連載の内容を大幅に書きなおして生まれた本書だが、「わかりやすく、わかりやすく」という河井さんの思いにあらがうように、ディテールにこだわった作品になった。おまけにタイトルを決める最後の最後までわがままを言った。でも、おかげで、手抜きも妥協もない、自信作に仕上がった。たくさんのお詫びと、それ以上の感謝の気持ちを河井さんに捧げたい。

執筆の原動力となったのは5人の家族だ。連れあいの智絵《ちえ》、貫太郎、愉咲《ゆさ》、文愉《もゆ》、愉海《ゆみ》の4人の子どもたち、彼女らには、生きること、大切な人とともにあることの喜びにつつまれながら生きてほしいと思っている。そう願うから、僕は過去にまなび、未来を構想しようと思えた。そして、愛する家族が暮らしていく大事な社会だからこそ、この願いがすべての人たちに届き、議論のきっかけとなり、いつかみんなが望む、よりよい未来を実現してほしいと思っている。

2020年　春

母と叔母にかわって生まれてきた愉海を抱きながら

井手英策

主要参考・引用文献（サブタイトルは省略しました）

・アーレント、ハンナ　齋藤純一、引田隆也訳『過去と未来の間』みすず書房、1994
・アリストテレス　田中美知太郎ほか訳『政治学』中公クラシックス、2009
・アリストテレス　高田三郎訳『ニコマコス倫理学（上）』岩波文庫、1971
・アレン、ロバート　眞嶋史叙、中野忠、安元稔、湯沢威訳『世界史のなかの産業革命』名古屋大学出版会、2017
・安藤博『責任と限界』金融財政事情研究会、1987
・池田勇人『均衡財政』実業之日本社、1952
・井手英策『幸福の増税論』岩波新書、2018
・井手英策、宇野重規、坂井豊貴、松沢裕作『大人のための社会科』有斐閣、2017
・井手英策、柏木一惠、加藤忠相、中島康晴『ソーシャルワーカー』ちくま新書、2019
・居林次雄『財界総理側近録』新潮社、1993
・内田公三『経団連と日本経済の50年』日本経済新聞社、1996
・ウルフ、ジョナサン　大澤津、原田健二朗訳『「正しい政策」がないならどうすべきか』勁草書房、2016
・大隈重信撰『開国五十年史』原書房、1970

・大嶽秀夫『小泉純一郎ポピュリズムの研究』東洋経済新報社、2006
・大平正芳『財政つれづれ草』如水書房、1953
・加藤寛『加藤寛・行財政改革への証言』東洋経済新報社、2002
・金子勝『市場と制度の政治経済学』東京大学出版会、1997
・菊池信輝『財界とは何か』平凡社、2005
・窪田静太郎「救護法実施に際し本邦救済事業制度の過去を憶ふ」『窪田静太郎論集』日本社会事業大学、1980
・グレイ、ジョン　石塚雅彦訳『グローバリズムという妄想』日本経済新聞社、1999
・経済団体連合会『経済団体連合会五十年史』経済団体連合会、1999
・経済同友会『経済同友会七十年史』https://www.doyukai.or.jp/about/history/years70.html
・坂井豊貴「多数決」井手英策ほか『大人のための社会科』有斐閣、2017
・ジェイムズ、ハロルド　高遠裕子訳『グローバリゼーションの終焉』日本経済新聞社、2002
・ジョーンズ、エリック　安元稔、脇村孝平訳『ヨーロッパの奇跡』名古屋大学出版会、2000
・神野直彦『「分かち合い」の経済学』岩波新書、2010
・須藤時仁、野村容康『日本経済の構造変化』岩波書店、2014
・高橋是清『経済論』中公クラシックス、2013

・竹中平蔵『構造改革の真実　竹中平蔵大臣日誌』日本経済新聞出版社、２００６
・チャン、ハジュン　田村源二訳『世界経済を破綻させる23の嘘』徳間書店、２０１０
・テンニエス　杉之原寿一訳『ゲマインシャフトとゲゼルシャフト』岩波文庫、１９５７
・ニーチェ　木場深定訳『道徳の系譜』岩波文庫、１９４０
・日本銀行百年史編纂委員会『日本銀行百年史　第6巻』日本銀行、１９８６
・ハーヴェイ、デヴィッド　渡辺治ほか訳『新自由主義』作品社、２００７
・ハイエク、フリードリヒ　気賀健三、古賀勝次郎訳『ハイエク全集　自由の条件Ⅲ』春秋社、２００７
・畠山襄『通商交渉国益を巡るドラマ』日本経済新聞社、１９９６
・福田赳夫『回顧九十年』岩波書店、１９９５
・フランクル、ヴィクトール　山田邦男、松田美佳訳『苦悩する人間』春秋社、２００４
・フリードマン、ミルトン　村井章子訳『資本主義と自由』日経ＢＰ、２００８
・ブリュア、ジョン　大久保桂子訳『財政＝軍事国家の衝撃』名古屋大学出版会、２００３
・細川護煕『内訟録』日本経済新聞出版社、２０１０
・ホネット、アクセル　山本啓、直江清隆訳『承認をめぐる闘争』法政大学出版局、２００３
・ポラニー、カール　吉沢英成訳『大転換』東洋経済新報社、１９７５

・ポランニー、カール　玉野井芳郎、栗本慎一郎訳『人間の経済Ⅰ』岩波書店、１９８０
・丸山眞男『自己内対話』みすず書房、１９９８
・水野勝『税制改正五十年』大蔵財務協会、２００６
・ライシュ、ロバート　雨宮寛、今井章子訳『最後の資本主義』東洋経済新報社、２０１６
・ル＝ゴフ、ジャック　井上櫻子訳『中世と貨幣』藤原書店、２０１５
・Sheri Berman, Civil Society and the Collapse of the Weimar Republic, World Politics, Vol.49, No.3, 1997.
・W. Carl Biven, Jimmy Carter's Economy, The University of North Carolina Press, 2002.
・W. Elliot Brownlee, Federal Taxation in America 3rd ed., Cambridge University Press, 2016
・Oliver Hartwich, Neoliberalism, The Centre for Independent Studies, 2009.
・Walter Lippmann, The Good Society, Andesite Press, 2017.
・Philip Mirowski and Dieter Plehwe, The Road from Mont Pèlerin, Harvard University Press, 2009.
・Quincy Wright, A Study of War, 1965.

本書は季刊誌kotoba（集英社）２０１７年冬号～２０１８年秋号の連載「新自由主義と僕たちの自由」に大幅に加筆・修正をしたものです。

JASRAC 出 2004323-001

図版制作　タナカデザイン

井手英策《いでえいさく》

財政学者。慶應義塾大学経済学部教授。一九七二年、福岡県生まれ。東京大学卒業。東京大学大学院博士課程単位取得退学。専門は財政社会学、財政金融史。日本銀行金融研究所勤務を経て大学で教鞭をとる。著書に『経済の時代の終焉』(岩波書店、大佛次郎論壇賞)、『幸福の増税論』(岩波新書)、『いまこそ税と社会保障の話をしよう!』(東洋経済新報社)、『ソーシャルワーカー』(共著、ちくま新書)など多数。

欲望《よくぼう》の経済《けいざい》を終《お》わらせる

インターナショナル新書〇五三
二〇二〇年六月一〇日 第一刷発行

著　者　井手英策《いでえいさく》
発行者　田中知二
発行所　株式会社 集英社インターナショナル
〒一〇一-〇〇六四 東京都千代田区神田猿楽町一-五-一八
電話 〇三-五二一一-二六三〇
発売所　株式会社 集英社
〒一〇一-八〇五〇 東京都千代田区一ツ橋二-五-一〇
電話 〇三-三二三〇-六〇八〇(読者係)
〇三-三二三〇-六三九三(販売部)書店専用
装　幀　アルビレオ
印刷所　大日本印刷株式会社
製本所　加藤製本株式会社

ISBN978-4-7976-8053-9　C0233

インターナショナル新書

015
戦争と農業
藤原辰史
トラクターが戦車に、毒ガスが農薬に――テクノロジーの発展は、飽食と飢餓が共存する不条理な世界を生んだ。この状況を変えるためにできることは何か。

041
税のタブー
三木義一
宗教法人、暴力団、政治団体。なぜ彼らの税負担は軽いのか。誰も踏み込まなかった領域に立ち入り、不公平税制の真因を税の成り立ちから考える。

050
ツーカとゼーキン
知りたくなかった日本の未来
明石順平
確実に訪れる冬の時代を乗り越えるために必要な税制とは何か。通貨と税金の仕組みや歴史、その役割を解説し、これからの「税のあり方」を示す。

051
嘘と孤独とテクノロジー
知の巨人に聞く
吉成真由美（インタビュー・編）
人類が直面する問題の本質についてチョムスキーら5人の叡智にインタビュー。洞察に富む言葉は、未来の展望と現代を生きるヒントを与えてくれる。

052
感染症は実在しない
岩田健太郎
感染症のエキスパートが「木を見て森を見ない」現代医療の問題点を鋭く追求する、哲学的医学論！ウイルス検査にふりまわされないためにも、今必読の書！

インターナショナル新書

054

島田裕巳

大和魂のゆくえ

江戸時代の国学者・本居宣長は、漢の思想や儒教の考え方にもとづく知性より、大和魂の知恵が肝要だと説いた。大和魂の起源は平安時代。日本的反知性主義である。

幕末、尊皇攘夷のイデオロギーと結びつけられた大和魂は、外国との戦争を契機に大いに喧伝され、日本人の勇猛果敢な精神のことだとされた。

現代の日本人の精神性はどこにあるのだろうか？　霊や魂とはどういうものであったか、その変遷をたどりながら、グローバル化が成熟する日本での大和魂のゆくえを探る。